# 戦国武将《ぶしょう》三英傑《さんえいけつ》大図鑑

## 徳川家康《とくがわいえやす》の戦い

# 太平《たいへい》の世をきずいた英傑《えいけつ》とライバルたちの攻防《こうぼう》！

戦国時代に天下統一《てんかとういつ》の野望をいだいた三人の英傑《えいけつ》――織田信長《おだのぶなが》、豊臣秀吉《とよとみひでよし》、徳川家康《とくがわいえやす》。この本では、江戸《えど》幕府《ばくふ》をひらいてその野望を達成した「徳川家康《とくがわいえやす》」と、彼《かれ》の前にたちはだかったライバルたちとの対決模様《もよう》を紹介《しょうかい》しています。武将《ぶしょう》たちの波乱万丈《はらんばんじょう》な生き様をご覧《らん》ください。

監修《かんしゅう》　本郷和人《ほんごうかずと》

## もくじ

〈この本の見方〉

●人名や合戦名などの固有名詞《こゆうめいし》について

名称《めいしょう》が複数《ふくすう》あるものは、定番とされる名称《めいしょう》で表記しています。

・「家康《いえやす》」……時代によって名前が変わりますが、この本では「家康《いえやす》」「徳川《とくがわ》家康《いえやす》」と表記しています。

・「秀吉《ひでよし》」……時代によって名前が変わりますが、この本では「秀吉《ひでよし》」「羽柴《はしば》秀吉《ひでよし》」「豊臣秀吉《とよとみひでよし》」と表記しています。

●年号や歴史的事項《じこう》について

さまざまな事項《じこう》において、異説《いせつ》や諸説《しょせつ》もあります。この本では、定番とされる説を紹介《しょうかい》しています。

●年齢《ねんれい》について

文中の年齢《ねんれい》は「数《かぞ》え年《どし》」で表記しています。数《かぞ》え年《どし》とは、生まれた年を一歳《さい》として、以降《いこう》は新年のたびに一歳《さい》を加算する、昔につかわれていた年齢《ねんれい》です。

●「大坂《おおさか》」と「大阪《おおさか》」の表記について

現在《げんざい》の「大阪《おおさか》」は、明治《めいじ》時代の初頭までは「大坂《おおさか》」と表記されていました。この本では、昔の地名をあらわすときは「大坂《おおさか》」、現在《げんざい》の地名をあらわすときは「大阪《おおさか》」と表記しています。

# 日本《に ほん》の旧国名地図《きゅうこくめい ち ず》

日本各地の地名は、現在《げんざい》の都道府県とはことなり、奈良《なら》時代から明治《めいじ》時代のはじめまで、下の地図にあるような「国名」がつかわれていました。この本では、武将《ぶしょう》の領地《りょうち》や合戦場の地名などに、それぞれの地域《ちいき》の国名をもちいています。

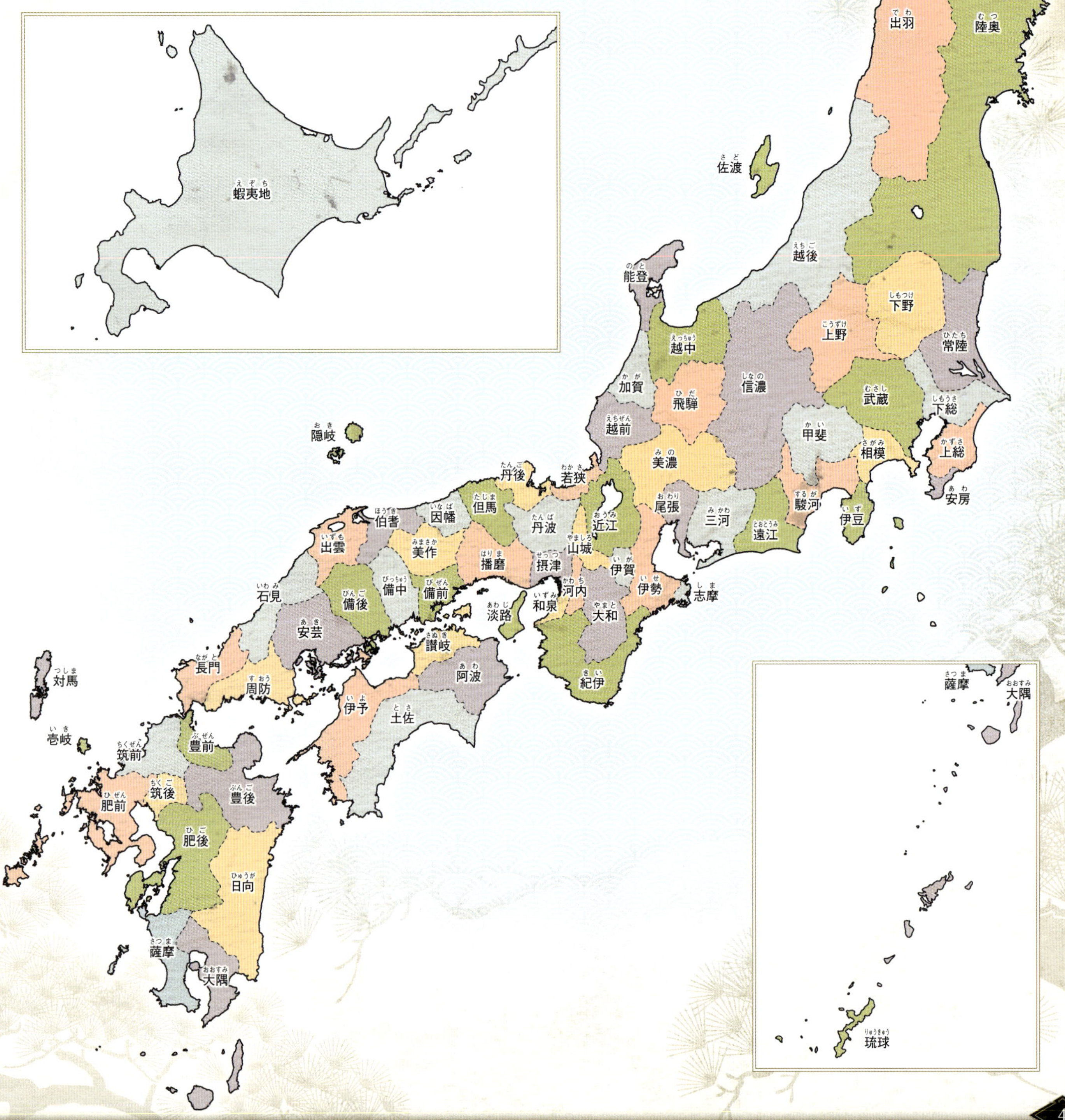

# 第一章

# 家《いえ》康《やす》の人《じん》物《ぶつ》像《ぞう》

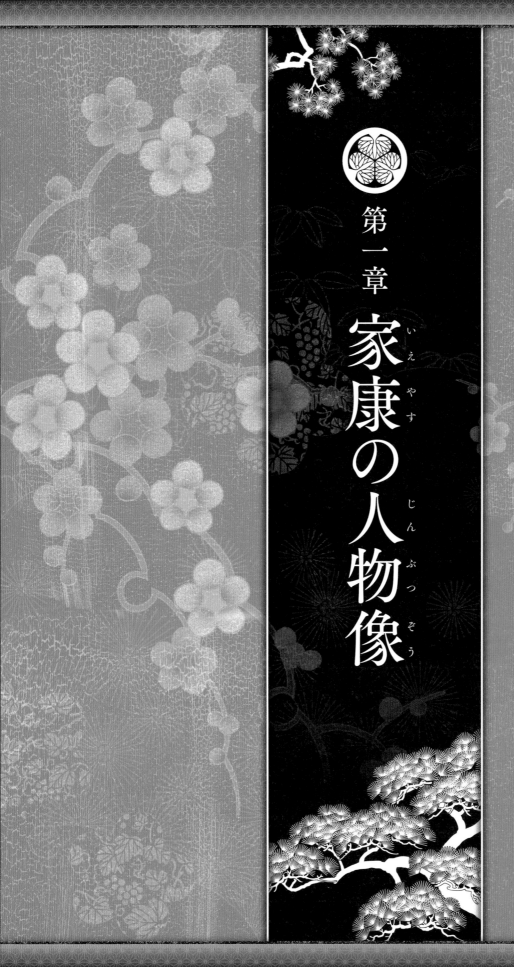

# 天下の覇者《はしゃ》 徳川家康《とくがわいえやす》

**生没年《せいぼつねん》** 一五四二年～一六一六年

**別称《べっしょう》** 竹千代《たけちよ》、松平元信《まつだいらもとのぶ》、松平元康《まつだいらもとやす》、松平家康《まつだいらいえやす》、大御所《おおごしょ》ほか

**本拠《ほんきょ》** 岡崎城《おかざきじょう》（三河《みかわ》）、浜松城《はままつじょう》（遠江《とおとうみ》）、駿府城《すんぷじょう》（駿河《するが》）、江戸城《えどじょう》（武蔵《むさし》）

群雄《ぐんゆう》がしのぎをけずる戦国乱世《らんせい》。不遇《ふぐう》な少年時代をたえしのび、織田信長《おだのぶなが》と豊《とよ》臣秀吉《とみひでよし》というすぐれた人物のもとで力をたくわえ、ついには天下をつかみとった男、徳川家康《とくがわいえやす》。そのしたたかな智略《ちりゃく》が、長期政権《せいけん》「江戸幕府《えどばくふ》」の礎《いしずえ》をつくった。

# おもな逸話《いつわ》と功績《こうせき》

## 今川家《いまがわけ》の人質《ひとじち》に

三河《みかわ》の小大名、松平家《まつだいらけ》にうまれた家康《いえやす》は、少年期から今川家《いまがわけ》で長い人質《ひとじち》生活をおくる。しかし、桶《おけ》狭間《はざま》の戦《たたか》いで今川義元《いまがわよしもと》が戦死した際《さい》に、三河《みかわ》への帰還《きかん》をはたした。

## 信長《のぶなが》との同盟《どうめい》

今川家《いまがわけ》から解放《かいほう》され、独立《どくりつ》をはたした家康《いえやす》は、織田信長《おだのぶなが》と同盟《どうめい》をむすぶ。そして、天下統一《てんかとういつ》をめざす信長《のぶなが》とともに、各地の大合戦に従軍《じゅうぐん》。しかし、本能寺《ほんのうじ》の変《へん》が勃発《ぼっぱつ》し、信長《のぶなが》が死亡《しぼう》してしまう。

## 秀吉《ひでよし》の臣下《しんか》に

信長《のぶなが》の後継者《こうけいしゃ》として、羽柴秀吉《はしばひでよし》（のちの豊臣秀吉《とよとみひでよし》）が台頭《たいとう》。家康《いえやす》は、小牧《こまき》・長久手《ながくて》の戦《たたか》いで秀吉《ひでよし》と対峙《たいじ》するも、その智謀《ちぼう》をみとめて臣下《しんか》となる。関白《かんぱく》の座《ざ》について天下統《てんかとう》一《いっ》をはたした秀吉《ひでよし》のもと、家康《いえやす》は、諸大名《しょだいみょう》の重鎮《じゅうちん》として存在感《そんざいかん》をましていく。

## 江戸幕府《えどばくふ》をひらく

秀吉《ひでよし》の死後、関ヶ原《せきがはら》の戦《たたか》いで石田三成《いしだみつなり》ら敵対勢力《てきたいせいりょく》をやぶり、覇権《はけん》をにぎる。征夷大将軍《せいいたいしょうぐん》となった家康《いえやす》は、江戸幕府《えどばくふ》をひらいて諸大名《しょだいみょう》を統制《とうせい》し、大坂《おおさか》の役《えき》で豊臣家《とよとみけ》をほろぼして、その覇権《はけん》をゆるぎないものとした。

### 家康《いえやす》の活躍《かつやく》がしるされた さまざまな歴史書

信長《のぶなが》や秀吉《ひでよし》と多くの行動をともにし、江戸幕府《えどばくふ》の開祖《かいそ》となった家康《いえやす》は、数々《かずかず》の歴史書に逸話《いつわ》や功績《こうせき》がのこされている。徳川家臣《とくがわかしん》の松平家忠《まつだいらいえただ》による『家忠日記《いえただにっき》』や、幕臣《ばくしん》の大久保忠教《おおくぼただたか》による『三河物語《みかわものがたり》』には、それぞれの視点《してん》から家康《いえやす》の活躍《かつやく》がえがかれる。信長《のぶなが》についてしるされた『信長公記《しんちょうこうき》』にも、同盟者《どうめいしゃ》としての家康《いえやす》が随所《ずいしょ》に登場する。

『家忠日記《いえただにっき》』作者：松平家忠《まつだいらいえただ》
一五七五年から一五九四年にかけて松平家忠《まつだいらいえただ》がしるした日記。

# 家康《いえやす》の人生

家康《いえやす》の身近には、天下をゆるがす豪傑《ごうけつ》たちがいた。東海の覇者《はしゃ》、今《いま》川義元《がわよしもと》。戦国の風雲児《ふううんじ》、織田信長《おだのぶなが》。稀代《きたい》の出世頭《しゅっせがしら》、豊臣秀吉《とよとみひでよし》。彼《かれ》らを間近に見つつ、家康《いえやす》は、ひそかに天下取りの野心をふくらませる。

**一五四二年 一歳《さい》**

三河《みかわ》の小大名、松平広忠《まつだいらひろただ》の嫡男《ちゃくなん》（跡継《あとつ》ぎの子）として誕生《たんじょう》。竹千代《たけちよ》と名づけられる。

**一五四七年 六歳《さい》**

織田家《おだけ》の人質《ひとじち》になる。

**一五四九年 八歳《さい》**

父・広忠《ひろただ》が死去し、人質《ひとじち》の生活のまま、松平家《まつだいらけ》の当主になる。

**一五五五年 十四歳《さい》**

織田家《おだけ》と今川家《いまがわけ》が交渉《こうしょう》し、今川家《いまがわけ》の人質《ひとじち》となる。

**一五五七年 十六歳《さい》**

元服《げんぷく》（成人の儀式《ぎしき》）をして、松平元信《まつだいらもとのぶ》と名のる。今川義元《いまがわよしもと》の姪《めい》、築山殿《つきやまどの》と結婚《けっこん》する。松平元康《まつだいらもとやす》に改名する。

**一五六〇年 十九歳《さい》**

**桶狭間《おけはざま》の戦《たたか》い**

今川義元《いまがわよしもと》が尾張《おわり》に侵攻《しんこう》。織田信長《おだのぶなが》に敗北し、義《よし》元《もと》が戦死する。家康《いえやす》が三河《みかわ》の岡崎城《おかざきじょう》に帰還《きかん》する。

**一五六二年 二十一歳《さい》**

清洲同盟《きよすどうめい》。織田信長《おだのぶなが》と同盟《どうめい》をむすぶ。

**一五七二年 三十一歳《さい》**

**三方ヶ原《みかたがはら》の戦《たたか》い**

武田信玄《たけだしんげん》とたたかい大敗する。

P20

**一五七五年 三十四歳《さい》**

**長篠合戦《ながしののかっせん》（長篠《ながしの》の戦《たたか》い）**

織田《おだ》・徳川《とくがわ》連合軍が、武田勝頼《たけだかつより》とたたかい勝利する。

**一五七九年 三十八歳《さい》**

**謀叛《むほん》の嫌疑《けんぎ》**

信長《のぶなが》から謀叛《むほん》をうたがわれ、妻《つま》の築山殿《つきやまどの》と息子の信康《のぶやす》をうしなう。

P24

**一五八二年 四十一歳《さい》**

**伊賀越《いがご》え**

本能寺《ほんのうじ》の変《へん》で信長《のぶなが》が死《し》亡《ぼう》。敵地《てきち》にいた家康《いえやす》が、伊賀《いが》の山をこえて自国に帰還《きかん》する。

P28

**一六〇〇年 五十九歳《さい》**

**第二次上田合戦《うえだかっせん》**

真田家《さなだけ》とたたかい敗北する。

P48

**関ヶ原《せきがはら》の戦《たたか》い**

全国の大名が東軍《とうぐん》と西軍《せいぐん》にわかれ、家康《いえやす》の東軍《とうぐん》が、石田三成《いしだみつなり》の西軍《せいぐん》に勝利する。

P42

**一六〇三年 六十二歳《さい》**

家康《いえやす》が征夷大将軍《せいいたいしょうぐん》に就任《しゅうにん》し、江戸幕府《えどばくふ》がひらかれる。

**一六〇五年 六十四歳《さい》**

将軍《しょうぐん》を息子の秀忠《ひでただ》にゆずる。

※年齢《ねんれい》は生まれた年を一歳《さい》として、以降《いこう》は新年のたびに一歳《さい》を加算する「数《かぞ》え年《どし》」で表示しています。

## 時流をつかむ天才

家康《いえやす》が乱世《らんせい》を生きぬき、天下を手にいれた秘訣《ひけつ》は、なみはずれた我慢《がまん》強さにあるといわれる。幼少期《ようしょうき》からの長い人質《ひとじち》生活をたえしのび、同盟《どうめい》をくむ野心家の信長《のぶなが》からは大合戦で共闘《きょうとう》させられ、天下人になった秀吉《ひでよし》には臣下《しんか》となることを強要された。とはいえ、ただ強者にしたがっていただけではない。家康《いえやす》には、不遇《ふぐう》な状況《じょうきょう》を一変させる出来事をよびこむ強運と、その好機に大胆《だいたん》な行動をとる決断力《けつだんりょく》があった。ねばりづよくチャンスをまち、ここぞというタイミングで飛躍《ひやく》する。家康《いえやす》は、時流をつかむ天才だったのだ。

**一五六三年 二十二歳《さい》**
松平家康《まつだいらいえやす》に改名する。

**一五六六年 二十五歳《さい》**
徳川家康《とくがわいえやす》に改名する。

**一五六九年 二十八歳《さい》**
**掛川城《かけがわじょう》の戦《たたか》い**
今川《いまがわ》家《け》とたたかい勝利する。
P16

**一五七〇年 二十九歳《さい》**
**姉川《あねがわ》の戦《たたか》い**
織田《おだ》・徳川《とくがわ》連合軍が、浅井《あざい》・朝倉《あさくら》連合軍とたたかい勝利する。

**一五八四年 四十三歳《さい》**
**小牧《こまき》・長久手《ながくて》の戦《たたか》い**
羽柴秀吉《はしばひでよし》とたたかい和睦《わぼく》する。
P32

**一五八五年 四十四歳《さい》**
**第一次上田合戦《うえだかっせん》**
真田《さなだ》家《け》とたたかい敗北する。

**一五八六年 四十五歳《さい》**
大坂城《おおさかじょう》にでむき、秀吉《ひでよし》に臣従《しんじゅう》する。

**一五九〇年 四十九歳《さい》**
**小田原征伐《おだわらせいばつ》**
秀吉《ひでよし》の指揮《しき》のもと、全国の大名が北条《ほうじょう》家《け》とたたかい勝利する。
P36

**一六一四年 七十三歳《さい》**
**大坂冬の陣《おおさかふゆのじん》**
豊臣《とよとみ》家《け》とたたかい講和《こうわ》する。

**一六一五年 七十四歳《さい》**
**大坂夏の陣《おおさかなつのじん》**
豊臣《とよとみ》家《け》とたたかい勝利する。
P52

**武家諸法度《ぶけしょはっと》の発布《はっぷ》**
全国の大名を統制《とうせい》する法律《ほうりつ》をさだめる。
P58

**一六一六年 七五歳《さい》**
病死する。

# 人物相関図

家康《いえやす》は、「三河武士《みかわぶし》」とよばれる屈強《くっきょう》な家臣団《かしんだん》とともに戦国乱世《らんせい》をのりこえ、江戸幕府《えどばくふ》をひらいて天下を手にした。その道のりには、なみいるライバルたちとの熾烈《しれつ》で過酷《かこく》なあらそいがあった。

## 徳川方《とくがわかた》

### 家臣《かしん》

**酒井忠次《さかいただつぐ》**
家康《いえやす》が幼少期《ようしょうき》のころから仕《つか》える古参家老《がろう》。

**本多忠勝《ほんだただかつ》**
「東国の天下無双《てんかむそう》の大将《たいしょう》」とよばれた猛将《もうしょう》。

**井伊直政《いいなおまさ》**
徳川騎馬隊《とくがわきばたい》をひきいる。「赤鬼《あかおに》」の異名《いみょう》をもつ。

**榊原康政《さかきばらやすまさ》**
指揮能力《しきのうりょく》にすぐれる名将《めいしょう》。本多忠勝《ほんだただかつ》と同年齢《どうねんれい》で親友。

**服部半蔵《はっとりはんぞう》**
地侍《じざむらい》「伊賀者《いがもの》」の頭領《とうりょう》。家康《いえやす》の窮地《きゅうち》をすくう。

### 親族《しんぞく》

親子

**松平広忠《まつだいらひろただ》**
家康《いえやす》の父。三河岡崎城《みかわおかざきじょう》の城主《じょうしゅ》。家康《いえやす》を人質《ひとじち》にだす。

夫婦《ふうふ》

**築山殿《つきやまどの》**
家康《いえやす》の妻《つま》（正室《せいしつ》）。今川《いまがわ》義元《よしもと》の姪《めい》。信康《のぶやす》の母。

親子

**松平信康《まつだいらのぶやす》**
家康《いえやす》と築山殿《つきやまどの》の子。信長《のぶなが》の長女の徳姫《とくひめ》と結婚《けっこん》する。

夫婦《ふうふ》

**朝日姫《あさひひめ》**
家康《いえやす》の妻《つま》（二番目の正《せい》室《しつ》）。豊臣秀吉《とよとみひでよし》の妹。

親子

**徳川秀忠《とくがわひでただ》**
家康《いえやす》の跡取《あとと》り。江戸幕府《えどばくふ》の二代将軍《しょうぐん》。

## ライバル

### 今川家《いまがわけ》

東海《とうかい》地方を支配《しはい》する大名。家康《いえやす》を人質《ひとじち》にとる。

### 武田信玄《たけだしんげん》

信長《のぶなが》と敵対《てきたい》し、織田《おだ》家と同盟《どうめい》する家康《いえやす》とたたかう。

### 織田信長《おだのぶなが》

天下統一《てんかとういつ》の野望をもつ。同盟《どうめい》する家康《いえやす》を酷使《こくし》。

### 豊臣《とよとみ》（羽柴《はしば》）秀吉《ひでよし》

信長《のぶなが》の権力《けんりょく》を継承《けいしょう》し、家《いえ》康《やす》に臣従《しんじゅう》をせまる。

### 石田三成《いしだみつなり》

豊臣政権《とよとみせいけん》の実力者。秀吉《ひでよし》の死後、家康《いえやす》と敵対《てきたい》。

### 真田家《さなだけ》

信濃《しなの》の小領主《しょうりょうしゅ》。親子二代で徳川軍《とくがわぐん》をくるしめる。

人質《ひとじち》

同盟《どうめい》

臣従《しんじゅう》

### 徳川家康《とくがわいえやす》

織田《おだ》家と同盟《どうめい》をくみ台頭《たいとう》。豊臣《とよとみ》家に臣従《しんじゅう》したのち、秀吉《ひでよし》の死後に覇権《はけん》をにぎり、征夷大将軍《せいいたいしょうぐん》となって江戸幕府《えどばくふ》をひらく。

## 後年の味方

### 黒田長政《くろだながまさ》

名軍師《めいぐんし》・黒田官兵衛《くろだかんべえ》の息子。関ケ原《せきがはら》の戦《たたか》いで活躍《かつやく》。

### 福島正則《ふくしままさのり》

豊臣軍《とよとみぐん》の荒武者《あらむしゃ》。石田三成《いしだみつなり》をにくみ、家康《いえやす》につく。

### 加藤清正《かとうきよまさ》

豊臣軍《とよとみぐん》の勇将《ゆうしょう》。福島正則《ふくしままさのり》とともに家康《いえやす》に加担《かたん》する。

# 家康《いえやす》の所用品

家康《いえやす》は、かなりの倹約家《けんやくか》だったとつたわるが、軍装《ぐんそう》は奇抜《きばつ》で高価《こうか》なものを好んでいたようだ。当時ではめずらしい、西洋の鎧兜《よろいかぶと》を転用した「南蛮胴具足《なんばんどうぐそく》」も所用している。

## 刀　ソハヤノツルキ

大坂《おおさか》の役《えき》で敵将《てきしょう》がつかっていた名刀。戦《いくさ》のあと、家康《いえやす》の手にわたる。

## 陣羽織《じんばおり》　白《しろ》ビロード陣羽織《じんばおり》

舶来品《はくらいひん》の高級織物《おりもの》であるビロードでつくられた白色の陣羽織《じんばおり》。

## 具足《ぐそく》　南蛮胴具足《なんばんどうぐそく》

西洋の甲冑《かっちゅう》を転用した鎧兜《よろいかぶと》。関ケ原《せきがはら》の戦《たたか》いで家康《いえやす》が着用したとつたわる。

## 馬印《うまじるし》

戦陣《せんじん》にて大将《たいしょう》の所在《しょざい》を知らせる目印。家康《いえやす》は金色の巨《きょ》大《だい》な扇《おうぎ》をつけた馬印《うまじるし》だった。

### 家康《いえやす》の家紋《かもん》

戦国武将《ぶしょう》は、いくつかの家《か》紋《もん》をつかいわけることも多かったが、家康《いえやす》は一貫《いっかん》して「三葉葵《みつばあおい》」をつかいつづけたといわれる。この家紋《かもん》は、徳《とく》川将軍家《がわしょうぐんけ》をあらわすものとして広く知られる。

三葉葵《みつばあおい》

# 第二章

# 家康《いえやす》のライバル

家康《いえやす》のライバル 一

# 今川家《いまがわけ》

東海《とうかい》地方最大の勢力《せいりょく》をもち、
家康《いえやす》を人質《ひとじち》にとって
三河《みかわ》を支配《しはい》下におく。

本拠地《ほんきょち》 駿河《するが》（静岡県《しずおかけん》）
居城《きょじょう》 今川館《いまがわやかた》

# 東《とう》海《かい》地方随《ずい》一《いち》の大大名《だいだいみょう》 桶《おけ》狭《はざ》間《ま》の敗戦で急転直下

戦国時代、大名の子どもは、他国と同盟《どうめい》をむすぶときなどに、人《ひと》質《じち》として利用されることが少なくなかった。三河《みかわ》の小大名、松平家《まつだいらけ》の跡取《あとと》りとしてうまれた家康《いえやす》も、少年期に人質《ひとじち》にだされて、他家での生活を強制《きょうせい》された。

家康《いえやす》は、六歳《さい》のときに織田家《おだけ》の人質《ひとじち》になり、二年後に織田《おだ》家と今《いま》川家《がわけ》で人質《ひとじち》の交換《こうかん》がおこなわれ、今川家《いまがわけ》にうつされた。このとき、父の死により家康《いえやす》が松平家《まつだいらけ》当主になったが、自国への帰還《きかん》はゆるされず、今川家《いまがわけ》にとどまった。

今川家《いまがわけ》当主の今川義元《いまがわよしもと》は、駿河《するが》と遠江《とおとうみ》を支配《しはい》し、三河《みかわ》も勢力下《せいりょくか》においていた。松平家《まつだいらけ》に対しては、当主の家康《いえやす》を今川家《いまがわけ》において、三《み》河《かわ》から年貢《ねんぐ》をとり、合戦では三河《みかわ》の兵を前線に配置した。一方で、聡明《そうめい》な家康《いえやす》のことはとても気にいり、姪《めい》の築山殿《つきやまどの》と結婚《けっこん》させる。

勢力拡大《せいりょくかくだい》をねらう義元《よしもと》は、敵対《てきたい》する織田《おだ》家を討《う》ちほろぼすべく、大軍をひきいて尾張《おわり》に侵攻《しんこう》した。しかし、桶狭間《おけはざま》の戦《たたか》いで、織田信《おだのぶ》長《なが》の奇襲攻撃《きしゅうこうげき》をうけて、まさかの戦死をとげてしまう。

当主の座《ざ》をついだのは、義元《よしもと》の息子の氏真《うじざね》だった。ところが、氏《うじ》真《ざね》には義元《よしもと》ほどの実力がそなわっておらず、支配下《しはいか》の小領主《しょうりょうしゅ》や武将《ぶしょう》たちは、続々《ぞくぞく》と離反《りはん》していった。

**混迷《こんめい》し、弱体化する今川家《いまがわけ》。家康《いえやす》のとった行動は⁉**

## 他家での生活のなかで 帰国の道をさぐる家康《いえやす》

織田家《おだけ》の人質《ひとじち》だった二年間、家康《いえやす》は寺にあずけられ、外出すらゆるされない不自由な生活をおくった。今川家《いまがわけ》ではやや自由な行動がゆるされ、勉学や武術《ぶじゅつ》にはげむことができた。しかし、故郷《こきょう》の人々《ひとびと》が年貢《ねんぐ》や合戦で困窮《こんきゅう》していることをおもえば、気楽な生活ではなかった。

家康《いえやす》は、十六歳《さい》で築山殿《つきやまどの》と結婚《けっこん》し、十七歳で初陣《ういじん》にでて手柄《てがら》をあげた。義元《よしもと》に気にいられて帰国の許可《きょか》をもらおうとかんがえていたが、桶狭間《おけはざま》で義元《よしもと》が戦死し、その計画が大きくかわる。

対決！

# 掛川城《かけがわじょう》の戦《たたか》い

徳川軍《とくがわぐん》 VS 今川軍《いまがわぐん》

## 武田《たけだ》と徳川《とくがわ》が同盟《どうめい》し今川《いまがわ》をはさみ討《う》ちに

家康《いえやす》は、今川家《いまがわけ》からの独立《どくりつ》を決意した。桶狭間《おけはざま》の敗戦で今川《いまがわ》家中《かちゅう》が混乱《こんらん》するなか、家康《いえやす》はひそかに三河《みかわ》へ帰国し、織田信《おだのぶ》長《なが》と同盟《どうめい》を締結《ていけつ》する。さらに、遠江《とおとうみ》と駿河《するが》への侵攻《しんこう》をねらう武《たけ》田信玄《だしんげん》とも同盟《どうめい》をむすび、今川《いまがわ》家《け》と敵対《てきたい》するかまえをとった。

武田軍《たけだぐん》が駿府《すんぷ》に侵攻《しんこう》し、今川《いまがわ》軍《ぐん》への攻撃《こうげき》をはじめる。戦国最強といわれる武田軍《たけだぐん》の猛攻《もうこう》をうけた氏真《うじざね》は、たまらず本拠《ほんきょ》を放《ほう》棄《き》し、遠江《とおとうみ》の掛川城《かけがわじょう》へと逃《に》げこんだ。そこへ、三河《みかわ》から徳川軍《とくがわぐん》が来襲《らいしゅう》。今川軍《いまがわぐん》が城《しろ》にたてこもる籠城《ろうじょう》の策《さく》をとると、徳川軍《とくがわぐん》はぐるりと城《しろ》を包囲した。

掛川城《かけがわじょう》は守りがかたく、今川《いまがわ》軍《ぐん》は老練《ろうれん》に応戦《おうせん》した。徳川軍《とくがわぐん》は、火攻《ひぜ》めや兵糧攻《ひょうろうぜ》めなど多様に攻《せ》

| 合戦データ | ◆1569年 冬 | ◆遠江《とおとうみ》（静岡県《しずおかけん》）掛川城《かけがわじょう》 | | | |
| --- | --- | --- | --- | --- | --- |
| 徳川軍《とくがわぐん》 | 総大将《そうだいしょう》 | 徳川家康《とくがわいえやす》 | 戦力《せんりょく》 | 不明 | 勝ち |
| 今川軍《いまがわぐん》 | 総大将《そうだいしょう》 | 今川氏真《いまがわうじざね》 | 戦力《せんりょく》 | 不明 | 負け |

イラスト：掛川城《かけがわじょう》を攻《せ》めたてる徳川軍《とくがわぐん》

めたてたが、なかなか城《しろ》を落とせず、時ばかりがすぎていく。

すると、「武田軍《たけだぐん》が掛川城《かけがわじょう》をめざして駿府《すんぷ》から進軍中」との報告《ほうこく》が両軍にはいった。氏真《うじざね》は、はさみ討《う》ちにされたら勝ち目がないと、切腹《せっぷく》を覚悟《かくご》した。一方、家康《いえやす》は、武田軍《たけだぐん》が合流すれば遠江《とおとうみ》は信玄《しんげん》にうばわれると危惧《きぐ》する。やむなく家康《いえやす》は、今川軍《いまがわぐん》に和睦《わぼく》を提案《ていあん》。氏真《うじざね》はそれをうけいれて城《しろ》をあけわたし、伊豆《いず》に逃《に》げて身をかくした。

## 今川家《いまがわけ》の滅亡《めつぼう》

和睦《わぼく》の際《さい》、家康《いえやす》は「北条家《ほうじょうけ》と同盟《どうめい》して信《しん》玄《げん》を駿府《すんぷ》からおいだし、そこへ氏真《うじさね》をむかえる」という約束をした。氏真《うじざね》は、それをしんじて城《しろ》を開放したが、結局その約束は守られなかった。こうして、東海《とうかい》最大の勢力《せいりょく》をほこった大名としての今川家《いまがわけ》は滅亡《めつぼう》。家康《いえやす》は、長年にわたる今川家《いまがわけ》の支配《しはい》から、ようやく解放《かいほう》されたのだった。

しかし、心のやすまる間もなく、信玄《しんげん》が同盟《どうめい》をやぶって徳川軍《とくがわぐん》に攻撃《こうげき》をしかけてきた。すぐさま家康《いえやす》は、越後《えちご》の上杉謙信《うえすぎけんしん》と、相模《さがみ》の北条氏康《ほうじょううじやす》と同盟《どうめい》を締結《ていけつ》。両軍のたすけをかりて武田軍《たけだぐん》を駿府《すんぷ》からおいだし、甲斐《かい》へと撤退《てったい》させた。まだ弱小の大名にすぎない家康《いえやす》は、臨機応変《りんきおうへん》に他国との同盟《どうめい》をとりつけて、急場をしのいでいく。

家康《いえやす》のライバル 二

# 武田《たけだ》家《け》

戦国最強の軍事力を保有《ほゆう》。
信長《のぶなが》の討伐《とうばつ》にのりだし、
徳川軍《とくがわぐん》と激突《げきとつ》する。

本拠地《ほんきょち》 甲斐《かい》（山梨県《やまなしけん》）

居城《きょじょう》 躑躅ヶ崎館《つつじがさきやかた》

# 戦国最強「甲斐《かい》の虎《とら》」が天下を見すえて京《きょう》に進軍

武田信玄《たけだしんげん》は、その猛々《たけだけ》しい活躍《かつやく》から、「甲斐《かい》の虎《とら》」の異名《いみょう》をとる大名だ。彼《かれ》は、悪政《あくせい》をしいていた父の信虎《のぶとら》を追放して当主の座《ざ》をうばうと、川や道路を整備《せいび》し、金山を開発して大改革《だいかいかく》を実施《じっし》。その結果、甲斐《かい》はゆたかになり、領民《りょうみん》たちは歓喜《かんき》した。信玄《しんげん》は、軍事にも力をそそぐ。有能《ゆうのう》な武将《ぶしょう》を積極的に登用し、強靭《きょうじん》な騎馬隊《きばたい》を練成して、戦国最強とまでよばれる軍団《ぐんだん》を結成。その軍事力で隣国《りんごく》に侵攻《しんこう》し、領土《りょうど》を拡大《かくだい》していった。

信玄《しんげん》の前にたちはだかったのは、「越後《えちご》の龍《りゅう》」とよばれる上杉謙信《うえすぎけんしん》だ。両者は、川中島《かわなかじま》の戦《たたか》いで五度にわたり激突《げきとつ》。勝敗はつかなかったが、おたがいをライバルとしてみとめあっていたという。

信玄《しんげん》が謙信《けんしん》と刃《やいば》をまじえていたそのころ、織田信長《おだのぶなが》が急速に勢力《せいりょく》をのばしていた。そのやり口は、比叡山《ひえいざん》を焼《や》き討《う》ちにし、将軍足利《しょうぐんあしかが》義昭《よしあき》をないがしろにするなど、非《ひ》情《じょう》で強引なものだった。これに激《げき》怒《ど》していた信玄《しんげん》のもとに、将軍義《しょうぐんよし》昭《あき》から「信長討伐《のぶながとうばつ》のため、京《きょう》にきてほしい」という要請《ようせい》がとどく。

信玄《しんげん》は、その要請《ようせい》をうけた。京《きょう》への道程《どうてい》には、信長《のぶなが》と同盟《どうめい》をむすぶ徳川家《とくがわけ》の領地《りょうち》がある。しかし、武田軍《たけだぐん》にとって、それをひねりつぶすのは造作《ぞうさ》もないことだった。

## 遠江《とおとうみ》に来襲《らいしゅう》した武田軍《たけだぐん》を、三方ヶ原《みかたがはら》で徳川軍《とくがわぐん》が迎撃《げいげき》！

### 信長《のぶなが》につくしてきた家康《いえやす》 肝心要《かんじんかなめ》で助力をもらえず

信長《のぶなが》と同盟《どうめい》をむすぶ家康《いえやす》は、織田家《おだけ》の勢力拡大《せいりょくかくだい》のため、まるで配下のようなあつかいで各地の合戦にかりだされてきた。姉川《あねがわ》の戦《たたか》いでは、浅井《あざい》・朝倉《あさくら》連合軍と死《し》闘《とう》し、その勝利に大きく貢献《こうけん》している。

信玄《しんげん》の挙兵を知った家康《いえやす》は、信長《のぶなが》に援《えん》軍《ぐん》を要請《ようせい》した。すると、信長《のぶなが》がおくってきた援軍《えんぐん》は、わずか三千ほどだった。信《のぶ》長《なが》は、石山合戦《いしやまかっせん》や長島一向一揆《ながしまいっこういっき》など、近《きん》畿《き》方面の争乱《そうらん》の対応《たいおう》で手一杯《ていっぱい》だったのだ。やむなく家康《いえやす》は、浜松城《はままつじょう》での籠城戦《ろうじょうせん》を決意し、せまる武田軍《たけだぐん》をまちうけた。

# 三《み》方《かた》ヶ《が》原《はら》の戦《たたか》い

対決！

徳川《とくがわ》家康《いえやす》 VS 武田《たけだ》信玄《しんげん》

## 信玄《しんげん》が見せつける家康《いえやす》との格《かく》のちがい

武田軍《たけだぐん》は、信濃《しなの》から遠江《とおとうみ》に侵《しん》攻《こう》し、徳川家《とくがわけ》の城《しろ》である二俣城《ふたまたじょう》をまたたく間に落とすと、家康《いえやす》がいる浜松城《はままつじょう》へと兵をすすめた。家康《いえやす》は、浜松城内《はままつじょうない》に自軍をいれて、籠城戦《ろうじょうせん》のかまえをとる。

やがて、武田軍《たけだぐん》がやってきたが、おどろくべきことに、武田《たけだ》軍《ぐん》は浜松城《はままつじょう》を素《す》どおりして先へといってしまう。まるで、浜松《はままつ》城《じょう》には敵《てき》がいないと見ているかのような行軍だ。家康《いえやす》は、これを好機ととらえた。とおりすぎた武田軍《たけだぐん》を後方から攻撃《こうげき》すれば、倍以上の兵力が相手でも勝利できるとかんがえたのだ。

武田軍《たけだぐん》が完全にとおりすぎてから、家康《いえやす》は、浜松城《はままつじょう》の門をあけはなち、全軍に追撃《ついげき》を命《めい》じた。全速力で追いかけるうち、つい

| 合戦データ | | | | | | |
|---|---|---|---|---|---|---|
| ◆1572年 冬 ◆遠江《とおとうみ》（静岡県《しずおかけん》）三方《みかた》ヶ原《がはら》 | | | | | | |
| 徳川軍《とくがわぐん》（徳川《とくがわ》・織田《おだ》連合軍） | 総大将《そうだいしょう》 | 徳川家康《とくがわいえやす》 | 戦力《せんりょく》 | 約1万1千人 | 負け |
| 武田軍《たけだぐん》 | 総大将《そうだいしょう》 | 武田信玄《たけだしんげん》 | 戦力《せんりょく》 | 約2万7千人 | 勝ち |

イラスト：信玄《しんげん》にかえりうちにされる家康《いえやす》

に三方《みかた》ヶ原《がはら》で敵影《てきえい》をとらえる。

しかし、それは敵《てき》のうしろ姿《すがた》ではなく、徳川軍《とくがわぐん》の追撃《ついげき》をまちかまえて完璧《かんぺき》な陣形《じんけい》をととのえていた、武田軍《たけだぐん》の正面だった。

信玄《しんげん》の術中《じゅっちゅう》にまんまとはまった徳川軍《とくがわぐん》は、屈強《くっきょう》な武田軍《たけだぐん》からさんざんに攻撃《こうげき》されて、壊滅状《かいめつじょう》態《たい》におちいる。家康《いえやす》は、なりふりかまわず逃《に》げるしかなかった。

歴戦の兵《つわもの》、武田信玄《たけだしんげん》という猛将《もうしょう》の実力を知るには、あまりにも手いたい大敗北だった。

## 唐突《とうとつ》な信玄《しんげん》の死

家康《いえやす》は、三方《みかた》ヶ原《がはら》の敗戦を猛烈《もうれつ》に反省し、このくやしさを生涯《しょうがい》わすれないよう、しかめ面《つら》をしたなさけない顔の自分を絵にかかせた。この絵は「しかみ像《ぞう》」とよばれる。

三方《みかた》ヶ原《がはら》で大勝した信玄《しんげん》だが、不運にも、その直後に病死する。武田軍《たけだぐん》は進軍をあきらめて甲斐《かい》に撤退《てったい》し、当主の座《ざ》には、信玄《しんげん》の息子の勝頼《かつより》がついた。しかし勝頼《かつより》は、家《か》臣団《しんだん》の信頼《しんらい》をえられずに苦悩《くのう》する。

三方《みかた》ヶ原《がはら》の戦《たたか》いから三年後、織田《おだ》・徳川《とくがわ》連合軍は、勝頼《かつより》ひきいる武田軍《たけだぐん》とたたかった。この長篠合戦《ながしののかっせん》は、織田鉄砲隊《おだてっぽうたい》が武田騎馬隊《たけだきばたい》を封殺《ふうさつ》し、織田《おだ》・徳川《とくがわ》連合軍の大勝におわる。その後も信長《のぶなが》と家康《いえやす》は追撃《ついげき》の手をゆるめず、最後は勝頼《かつより》を自害においこみ、大名としての武田家《たけだけ》を滅亡《めつぼう》させた。

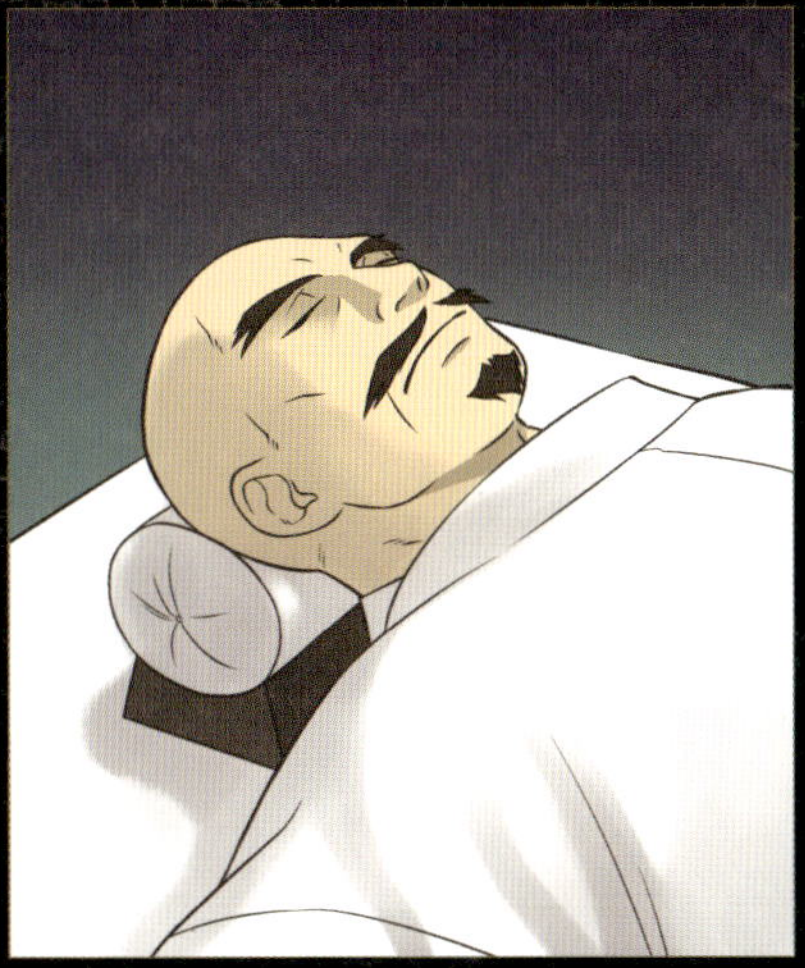

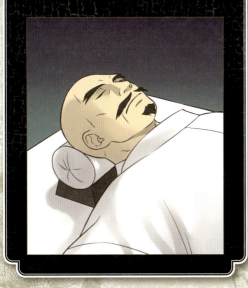

家康《いえやす》のライバル　三

# 織《お》田《だ》信《のぶ》長《なが》

独立《どくりつ》直後の徳川家《とくがわけ》と同盟《どうめい》。
天下統一《てんかとういつ》の野望をいだき、
家康《いえやす》とともに各地を転戦する。

本拠地《ほんきょち》　近江《おうみ》（滋賀県《しがけん》）

居《きょ》城《じょう》　安土城《あづちじょう》

# 同盟《どうめい》する徳川家《とくがわけ》を酷使《こくし》し 天下統一《てんかとういつ》の野望《やぼう》に邁進《まいしん》

織田信長《おだのぶなが》は、群雄《ぐんゆう》ひしめく戦国の世で天下統一《てんかとういつ》の野望をいだき、近畿《きんき》地方一帯を制圧《せいあつ》した風雲児《ふううんじ》だ。そのはじまりは、東海《とうかい》地方の覇者《はしゃ》である今川義元《いまがわよしもと》をやぶった、桶狭《おけはざ》間《ま》の戦《たたか》いだった。奇跡的《きせきてき》な勝利で全国に名をとどろかせると、今川《いまがわ》家《け》から独立《どくりつ》をはたした徳川家康《とくがわいえやす》と同盟《どうめい》をむすび、領地《りょうち》の拡大《かくだい》をねらって攻勢《こうせい》にでる。織田《おだ》・徳川《とくがわ》連合軍としておこなった合戦は、金ケ崎《かねがさき》の戦《たたか》い、姉川《あねがわ》の戦《たたか》い、三方ケ原《みかたがはら》の戦《たたか》い、長篠合戦《ながしののかっせん》、天目山《てんもくざん》の戦《たたか》いなど、多数におよぶ。

信長《のぶなが》と家康《いえやす》がむすんだ同盟《どうめい》は、はじめは同格《どうかく》のものだった。しかし、将軍足利義昭《しょうぐんあしかがよしあき》を京《きょう》から追放したころから、信長《のぶなが》の態度《たいど》が変化する。まるで臣下《しんか》に対するように、家康《いえやす》に命令をくだすようになったのだ。国力がおとる家康《いえやす》は、その命令にしたがうほかなかった。

信長《のぶなが》は、徳川家《とくがわけ》との同盟《どうめい》の初期に、信長《のぶなが》の長女の徳姫《とくひめ》と、家康《いえやす》の長男の信康《のぶやす》を結婚《けっこん》させていた。その徳姫《とくひめ》から、「夫の信康《のぶやす》が、信康《のぶやす》の母の築山殿《つきやまどの》と共謀《きょうぼう》して、ひそかに武田家《たけだけ》と手をむすぼうとしている」という不穏《ふおん》な手紙がとどく。

それが真実ならば、徳川家《とくがわけ》が裏《うら》切《ぎ》りをたくらんでいることになる。その真偽《しんぎ》をたしかめるべく、信長《のぶなが》はすぐさま行動をおこす。

**謀叛《むほん》をうたがわれた家康《いえやす》。徳川家《とくがわけ》を救う道は⁉**



### 嫁《よめ》の徳姫《とくひめ》と姑《しゅうとめ》の築山殿《つきやまどの》 ふたりの険悪《けんあく》な関係

家康《いえやす》は、今川義元《いまがわよしもと》の姪《めい》の築山殿《つきやまどの》と一五五七年に結婚《けっこん》し、長男の信康《のぶやす》をもうけた。信康《のぶやす》は、信長《のぶなが》の長女の徳姫《とくひめ》と、ふたりが九歳《さい》のときに結婚《けっこん》。徳姫《とくひめ》は、二十一歳《さい》のときに、信長《のぶなが》に不穏《ふおん》な手紙をだした。

築山殿《つきやまどの》にとって、信長《のぶなが》は叔父《おじ》の今川義《いまがわよし》元《もと》を殺した人物であり、その娘《むすめ》である徳《とく》姫《ひめ》には、複雑《ふくざつ》なおもいがあったのかもしれない。築山殿《つきやまどの》は、若《わか》くしてとついできた徳姫《とくひめ》に、つらくあたったという。徳姫《とくひめ》も、そんな築山殿《つきやまどの》をきらい、母親に肩《かた》いれする信康《のぶやす》とも不仲だった。

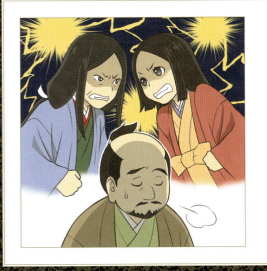

# 緊迫《きんぱく》！ 謀叛《むほん》の嫌疑《けんぎ》

徳川家《とくがわけ》VS《バーサス》織田信長《おだのぶなが》



## 徳川家《とくがわけ》の存亡《そんぼう》がかかる信長《のぶなが》本人による裁判《さいばん》

徳姫《とくひめ》の手紙には、武田家《たけだけ》との密通《みっつう》など、徳川信康《とくがわのぶやす》と築山殿《つきやまどの》がくわだてた十二ヶ条《かじょう》の罪《つみ》がしるされていた。信長《のぶなが》は、その真偽《しんぎ》をといただすため、徳川家《とくがわけ》に対し、安土城《あづちじょう》への出頭を命《めい》じた。家康《いえやす》はその使者として、腹心《ふくしん》の酒井忠次《さかいただつぐ》をむかわせる。

信長《のぶなが》の前に、忠次《ただつぐ》が平伏《へいふく》した。信長《のぶなが》は、手紙をつきだし「これは真実か、それとも徳姫《とくひめ》のたわごとか」とたずねる。

その質問《しつもん》に、なんと忠次《ただつぐ》は、

「おおむね、真実でございます」

とこたえた。

忠次《ただつぐ》は、国元《くにもと》を出発する際《さい》、家康《いえやす》と信康《のぶやす》にむかって「首尾《しゅび》よく信康様《のぶやすさま》を弁護《べんご》してまいります」といっていた。それにもかかわらず、弁護《べんご》をするどころか、

◆1579年 夏　◆近江《おうみ》（滋賀県《しがけん》）安土城《あづちじょう》

イラスト：織田信長《おだのぶなが》に問いつめられる酒井忠次《さかいただつぐ》

あっさりと罪《つみ》をうけいれてしまったのだ。

信長《のぶなが》が、即断《そくだん》する。「信康《のぶやす》には切腹《せっぷく》を命《めい》じる。忠次《ただつぐ》は、それを家康《いえやす》につたえるように」

忠次《ただつぐ》から報告《ほうこく》をきいた家康《いえやす》の心情《しんじょう》は、はかりしれない。時をおかずして家康《いえやす》は、家臣《かしん》に命《めい》じて築山殿《つきやまどの》を殺した。その半月後に、信康《のぶやす》も切腹《せっぷく》して世をさった。家康《いえやす》が迅速《じんそく》に処理《しょり》したことで、徳川家《とくがわけ》は、信長《のぶなが》からの処罰《しょばつ》をまぬかれた。

## 妻《つま》と子を見すてた家康《いえやす》

信康《のぶやす》の切腹《せっぷく》にまつわる一連の騒動《そうどう》については謎《なぞ》が多く、さまざまな説がある。まず、信康《のぶやす》と築山殿《つきやまどの》は、謀叛《むほん》をくわだてていなかったともいわれる。徳姫《とくひめ》が不穏《ふおん》な手紙をかいた理由は、ふたりへのにくしみから虚偽《きょぎ》の申告をしたのか、徳姫《とくひめ》の側近がそそのかしたのか、詳細《しょうさい》は不明だ。忠次《ただつぐ》が信康《のぶやす》を弁護《べんご》しなかった点については、徳川家《とくがわけ》を存続《そんぞく》させるため、独断《どくだん》で、信康《のぶやす》と築山殿《つきやまどの》に罪《つみ》をかぶせたともいわれる。この一件《いっけん》で、家康《いえやす》はのちのちまで忠次《ただつぐ》をうらんだという。

ほかにも、大胆《だいたん》な説がある。そもそも家《いえ》康《やす》は、信康《のぶやす》と築山殿《つきやまどの》と仲がわるく、徳姫《とくひめ》の手紙を発端《ほったん》とした謀叛《むほん》の嫌疑《けんぎ》に乗《じょう》じてふたりを殺そうとおもいつき、忠次《ただつぐ》には弁護《べんご》をしないよう命じていた、というものだ。

家康《いえやす》のライバル 四

# 明智光秀《あけちみつひで》

本能寺《ほんのうじ》の変《へん》で信長《のぶなが》を殺害。
堺《さかい》に滞在《たいざい》していた家康《いえやす》も、
その命をねらわれる。

本拠地《ほんきょち》 山城《やましろ》（京都《きょうと》府《ふ》）

居《きょ》城《じょう》 亀山城《かめやまじょう》

# 主君の信長《のぶなが》を殺し同盟《どうめい》する家康《いえやす》の命もねらう

本能寺《ほんのうじ》の変《へん》で主君の織田信長《おだのぶなが》を殺し、稀代《きたい》の裏切《うらぎ》り者《もの》として後世に名をのこした、明智光秀《あけちみつひで》。彼《かれ》の経歴《けいれき》は複雑《ふくざつ》だ。はじめは美濃《みの》の斎《さい》藤道三《とうどうさん》に仕《つか》え、つぎに越前《えちぜん》の朝倉《あさくら》義景《よしかげ》の家臣《かしん》となった。その後、足《あし》利将軍家《かがしょうぐんけ》の幕臣《ばくしん》となり、四十歳《さい》ごろに信長《のぶなが》の家臣《かしん》となる。

天下統一《てんかとういつ》の野望をもつ信長《のぶなが》は、幕府《ばくふ》や朝廷《ちょうてい》につながりをもつ光秀《みつひで》を、外交官として重用《ちょうよう》した。光秀《みつひで》はその期待にこたえ、交渉役《こうしょうやく》をみごとにこなしていく。また、合戦でも活躍《かつやく》し、信長《のぶなが》から「家臣《かしん》一番のはたらき」と称賛《しょうさん》をうけることもあった。やがて光秀《みつひで》は、織田家《おだけ》の重臣《じゅうしん》へと出世をとげる。

ところが、信長《のぶなが》が京《きょう》の本能寺《ほんのうじ》に宿泊《しゅくはく》したとき、光秀《みつひで》は信長《のぶなが》を裏《うら》切《ぎ》って、本能寺《ほんのうじ》を襲撃《しゅうげき》。信長《のぶなが》を亡《な》き者《もの》とした直後、京《きょう》の二条御所《にじょうごしょ》へと兵をすすめ、滞在《たいざい》していた信長《のぶなが》の嫡男《ちゃくなん》、織田信忠《おだのぶただ》も死においこんだ。光秀《みつひで》は勝利を宣言《せんげん》し、兵たちに京《きょう》とその近郊《きんこう》の制圧《せいあつ》を命《めい》じた。

そのころ家康《いえやす》は、京《きょう》から近い港町の堺《さかい》を、少数の家臣《かしん》をひきつれて見物していた。家康《いえやす》が異変《いへん》を察知したときには、明智軍《あけちぐん》の兵や落《お》ち武者狩《むしゃが》りが周囲にあふれかえっていた。その者たちにとって、織《お》田家《だけ》と同盟《どうめい》をむすぶ家康《いえやす》の首は、格好《かっこう》の標的だった。

**家康《いえやす》が絶体絶命《ぜったいぜつめい》の危機《きき》に！**
**窮地《きゅうち》を脱《だっ》せられるのか!?**

## 徳川家康《とくがわいえやす》と明智光秀《あけちみつひで》ふたりの接点《せってん》は？

家康《いえやす》と光秀《みつひで》について、その関係性《かんけいせい》がわかるような史料は少ない。とはいえ、金ケ崎《かねがさき》の戦《たたか》いや姉川《あねがわ》の戦《たたか》いなどで、ふたりはたびたび同軍として戦場にたっているため、面識《めんしき》や交流はあったことだろう。

本能寺《ほんのうじ》の変《へん》の直前、信長《のぶなが》は、武田家《たけだけ》討《とう》伐《ばつ》の労をねぎらうため、家康《いえやす》を安土城《あづちじょう》によびだして接待《せったい》した。それをとりしきっていたのが、光秀《みつひで》だった。彼《かれ》は、その後に家康《いえやす》が堺《さかい》にむかったことを知っていただろう。ともすれば、配下の兵に、家康《いえやす》の殺害を命《めい》じていたかもしれない。

# 決死！伊《い》賀《が》越《ご》え

徳川家康《とくがわいえやす》 VS《バーサス》 明智光秀《あけちみつひで》



## 家康《いえやす》、絶体絶命《ぜったいぜつめい》の危機《きき》 窮地《きゅうち》から決死の脱出《だっしゅつ》

安土城《あづちじょう》をあとにした家康《いえやす》は、堺《さかい》の町に滞在《たいざい》し、名産品などを見物していた。同行する家臣《かしん》は、三十数名。本多忠勝《ほんだただかつ》や服部半蔵《はっとりはんぞう》ら精鋭《せいえい》がそろっているが、人数は少ない。

滞在中《たいざいちゅう》、なじみの商人が、驚愕《きょうがく》の速報《そくほう》を家康《いえやす》にもたらした。「明智光秀《あけちみつひで》が京《きょう》の本能寺《ほんのうじ》を襲撃《しゅうげき》し、織田信長《おだのぶなが》を殺害。京《きょう》は明智《あけち》軍《ぐん》が制圧《せいあつ》し、落《お》ち武者狩《むしゃが》りが続出。織田《おだ》家《け》にかかわるすべての者の命をねらっていて、堺《さかい》も危険《きけん》である」というのだ。

敵地《てきち》のまっただなかで退路《たいろ》がとざされ、味方は少数の家臣《かしん》のみ。家康《いえやす》が、死をも覚悟《かくご》したとき、伊賀《いが》出身の服部半蔵《はっとりはんぞう》が、家康《いえやす》に提案《ていあん》した。

「街道をさけ、三河《みかわ》へと帰還《きかん》す

◆1582年 夏　◆出発地：堺《さかい》（和泉《いずみ》・大阪府《おおさかふ》）◆目的地：岡崎《おかざき》（三河《みかわ》・愛知県《あいちけん》）

イラスト：伊賀《いが》の山中をすすむ家康《いえやす》

るには……伊賀《いが》の山中を越《こ》えるほかありません」

一行は、半蔵《はんぞう》の提案《ていあん》を採用《さいよう》し、すぐに出発した。半蔵《はんぞう》は、地侍《じざむらい》の伊賀者《いがもの》と甲賀者《こうかもの》に話をつけて、道案内と護衛《ごえい》をたのむ。家康《いえやす》は、声を殺しつつ、けわしい山道をひたすらすすんだ。

悪路をこえて、まずは伊賀《いが》に到達《とうたつ》。休む間もなく、困難《こんなん》な山中を懸命《けんめい》に踏破《とうは》し、ついに家康《いえやす》は、三河《みかわ》の岡崎城《おかざきじょう》へと帰還《きかん》をはたしたのだった。

## 服部半蔵《はっとりはんぞう》の功績《こうせき》

晩年《ばんねん》に家康《いえやす》は、人生の中で死を覚悟《かくご》した出来事のひとつに、この伊賀越《いがご》えをあげている。百五十キロメートル以上のけわしい山道を、身をひそめつつ数日で踏破《とうは》したのだから、相当な苦労だったことだろう。

なお、家康《いえやす》は、はやくから服部半蔵《はっとりはんぞう》をめしかかえていた。服部家《はっとりけ》は、伊賀者《いがもの》の一派《いっぱ》をとりまとめる頭領《とうりょう》の家系《かけい》で、半蔵《はんぞう》の名前は、頭領《とうりょう》のみが名のることをゆるされる。

伊賀越《いがご》えを成功させたのは、二代目頭領《とうりょう》の服部半蔵正成《はっとりはんぞうまさなり》だ。彼《かれ》は、配下の伊賀者《いがもの》とともに徳川家《とくがわけ》のためにはたらき、家康《いえやす》もまた、半蔵《はんぞう》を重用《ちょうよう》した。江戸幕府《えどばくふ》がひらかれたのち、半蔵《はんぞう》は、幕府《ばくふ》の成立に多大な貢献《こうけん》をした武将《ぶしょう》である「徳川十六神将《とくがわじゅうろくしんしょう》」のひとりに、その名をつらねている。

家康《いえやす》のライバル 五

# 羽柴秀吉《はしばひでよし》



信長《のぶなが》の後継者《こうけいしゃ》として
織田家《おだけ》の権力《けんりょく》を掌握《しょうあく》。
天下統一《てんかとういつ》にのりだす。

本拠地《ほんきょち》 摂津《せっつ》（大阪府《おおさかふ》）

居城《きょじょう》 大坂城《おおさかじょう》

# 信長《のぶなが》の権力《けんりょく》を継承《けいしょう》した下克上《げこくじょう》の体現者《たいげんしゃ》

羽柴秀吉《はしばひでよし》は、農民の出身ながら織田家《おだけ》に仕官し、信長《のぶなが》のもとで手《て》柄《がら》をかさねて、重臣《じゅうしん》にまでとりたてられた異色《いしょく》の武将《ぶしょう》だ。当然、同《どう》僚《りょう》の武将《ぶしょう》たちからは、ねたみやそねみをうけたが、秀吉《ひでよし》は、たくみな処世術《しょせいじゅつ》で、周囲の者を味方につけていった。「羽柴《はしば》」という名は、織田家重臣《おだけじゅうしん》の丹羽長秀《にわながひで》と柴田勝家《しばたかついえ》から一字ずつもらったものだという。上司の機嫌《きげん》をとって同僚《どうりょう》をだまらせるやり口に、したたかなたちまわりがうかがえる。

本能寺《ほんのうじ》の変《へん》で信長《のぶなが》が死亡《しぼう》した際《さい》、反逆者《はんぎゃくしゃ》の明智光秀《あけちみつひで》をいちはやく討《う》ちとったのが秀吉《ひでよし》だった。その後、秀吉《ひでよし》は、織田家重臣《おだけじゅうしん》が今後の方針《ほうしん》をきめるために集結した清洲《きよす》会議《かいぎ》で、信長《のぶなが》の後継者候補《こうけいしゃこうほ》をめぐり、柴田勝家《しばたかついえ》と対立。その勝家《かついえ》を、賤ヶ岳《しずがたけ》の戦《たたか》いでやぶって自害においこんだ秀吉《ひでよし》は、織田家《おだけ》の権力《けんりょく》を手中におさめ、信長《のぶなが》がはたせなかった天下統一《てんかとういつ》事業をひきついだ。

秀吉《ひでよし》は、信長《のぶなが》の次男の織田信雄《おだのぶかつ》を、はじめは手あつくもてなしていたが、賤ヶ岳《しずがたけ》の戦《たたか》いののち、手のひらをかえすように冷遇《れいぐう》した。これに激怒《げきど》した信雄《のぶかつ》は、秀吉《ひでよし》を討《う》ちとらんと決意し、織田家《おだけ》と同盟《どうめい》をくむ家康《いえやす》に共闘《きょうとう》を要請《ようせい》する。家《いえ》康《やす》は、それにこたえて、秀吉《ひでよし》の横《おう》暴《ぼう》を阻止《そし》するべく挙兵した。

## 小牧《こまき》・長久手《ながくて》の地にて家康《いえやす》と秀吉《ひでよし》が激突《げきとつ》する！

### 劇的《げきてき》な出世をとげる秀吉《ひでよし》 家康《いえやす》には不気味な存在《そんざい》

はやくから信長《のぶなが》と同盟《どうめい》をむすんできた家康《いえやす》は、みるみるうちに出世する秀吉《ひでよし》を、不気味におもっていただろう。本能寺《ほんのうじ》の変《へん》ののちに、秀吉《ひでよし》が信長《のぶなが》の後継者《こうけいしゃ》となったときは、驚愕《きょうがく》したにちがいない。

家康《いえやす》は、信長《のぶなが》の後継者騒動《こうけいしゃそうどう》に対しては、そのなりゆきを静観していた。しかし、秀吉《ひでよし》が強大な権力《けんりょく》を奪取《だっしゅ》するという異常《いじょう》事態《じたい》に、ついに家康《いえやす》はうごきだす。織田《おだ》信雄《のぶかつ》から要請《ようせい》をうけたことで、秀吉《ひでよし》と敵《てき》対《たい》する大義名分《たいぎめいぶん》も立ち、その実力をたしかめるべく挙兵したのだ。

# 対決！ 小《こ》牧《まき》・長《なが》久《く》手《て》の戦《たたか》い

徳川家康《とくがわいえやす》 VS 羽柴秀吉《はしばひでよし》

## 野戦上手の家康《いえやす》に対し秀吉《ひでよし》は機知で対抗《たいこう》

「織田家《おだけ》の権力《けんりょく》を強奪《ごうだつ》した秀吉《ひでよし》を討《う》ちたい」と、織田信雄《おだのぶかつ》は、家康《いえやす》に共闘《きょうとう》をもうしいれた。信《のぶ》雄《かつ》は、信長《のぶなが》の息子であり、織田《おだ》家《け》の跡《あと》をつぐ資格《しかく》をもつ。家康《いえやす》は、信雄《のぶかつ》からの要請《ようせい》をうけいれて、秀吉《ひでよし》との決戦にのぞんだ。

信長《のぶなが》に仕《つか》えた武将《ぶしょう》の多くが羽《は》柴軍《しばぐん》にくわわり、徳川軍《とくがわぐん》の兵力を凌駕《りょうが》した。しかし、徳川軍《とくがわぐん》は、野戦上手として名をはせる。小《こ》牧山《まきやま》でくりひろげられた前半戦は、兵力差をものともせずに徳《とく》川軍《がわぐん》が優勢《ゆうせい》をたもち、長期戦へともつれこんだ。

秀吉《ひでよし》は、戦況《せんきょう》を好転させるべく、別働隊を編成《へんせい》して、家康《いえやす》の領地《りょうち》である三河《みかわ》を攻撃《こうげき》させた。ところが、家康《いえやす》はこの展開《てんかい》も先よみしていた。秀吉《ひでよし》の別働隊を、

| 合戦データ | ◆1584年 春〜秋 | ◆尾張《おわり》（愛知県《あいちけん》）小牧山《こまきやま》、長久手《ながくて》 | | | |
|---|---|---|---|---|---|
| 徳川軍《とくがわぐん》 | 総大将《そうだいしょう》 | 徳川家康《とくがわいえやす》 | 戦力《せんりょく》 | 約3万5千人 | 引きわけ |
| 羽柴軍《はしばぐん》 | 総大将《そうだいしょう》 | 羽柴秀吉《はしばひでよし》 | 戦力《せんりょく》 | 約7万人 | 引きわけ |

イラスト：敵兵《てきへい》をなぎたおす徳川軍《とくがわぐん》の本多忠勝《ほんだただかつ》

長久手《ながくて》でまちぶせて奇襲《きしゅう》したのだ。この激突《げきとつ》で、羽柴軍《はしばぐん》にくわわっていた勇将《ゆうしょう》、池田恒興《いけだつねおき》と森《もり》長可《ながよし》が戦死してしまった。

徳川軍《とくがわぐん》は、長久手《ながくて》での後半戦でも羽柴軍《はしばぐん》を圧倒《あっとう》し、勝利をつかみかけていた。しかし、この合戦は、唐突《とうとつ》な結末をむかえる。織田信雄《おだのぶかつ》が、独断《どくだん》で秀吉《ひでよし》と和睦《わぼく》をむすんでしまったのだ。

合戦の大義名分《たいぎめいぶん》をうしなった家康《いえやす》は、不本意ながらも、兵をまとめて退却《たいきゃく》した。

## 秀吉《ひでよし》の時代の到来《とうらい》

秀吉《ひでよし》は、合戦では家康《いえやす》にかなわないと判《はん》断《だん》すると、すぐさま外交戦略《せんりゃく》にきりかえた。合戦の首謀者《しゅぼうしゃ》である織田信雄《おだのぶかつ》に、あまい言葉で交渉《こうしょう》をもちかけ、和睦《わぼく》を成立させたのだ。武力《ぶりょく》にたよらず決着にもちこむ秀吉《ひでよし》の柔軟《じゅうなん》な頭脳《ずのう》に、家康《いえやす》は舌《した》をまく。

合戦の終結後、家康《いえやす》は、しばらく秀吉《ひでよし》との距離《きょり》をおいた。ところが秀吉《ひでよし》は、再三《さいさん》にわたって臣従《しんじゅう》してほしいとたのみこんでくる。その熱意はあふれんばかりで、妹《いもうと》の朝《あさ》日姫《ひひめ》を家康《いえやす》の妻《つま》としてさしだし、母の大政《おおまん》所《ところ》を人質《ひとじち》としておくりつけてきたほどだ。

根負《こんま》けした家康《いえやす》は、秀吉《ひでよし》の要請《ようせい》におうじて大坂城《おおさかじょう》にのぼり、諸大名《しょだいみょう》の前で臣従《しんじゅう》をちかった。徳川家《とくがわけ》を配下にくわえた秀吉《ひでよし》は、天下統一《てんかとういつ》事業に拍車《はくしゃ》をかけていく。

家康《いえやす》のライバル 六

# 北《ほう》条《じょう》家《け》

徳川家《とくがわけ》と同盟《どうめい》をくむなか、
秀吉《ひでよし》の天下統一《てんかとういつ》に反抗《はんこう》し、
小田原征伐《おだわらせいばつ》をまねく。

本拠地《ほんきょち》 相模《さがみ》（神奈川県《かながわけん》）

居城《きょじょう》 小田原城《おだわらじょう》

# 天下《てんか》統一《とういつ》の時流にあらがい秀吉《ひでよし》に反抗《はんこう》した大大名《だいだいみょう》

北条家《ほうじょうけ》は、関東《かんとう》地方の中南部一帯を支配《しはい》する大大名《だいだいみょう》である。武田《たけだ》家《け》や上杉家《うえすぎけ》などの名だたる強者ともわたりあえる軍事力をもち、本《ほん》拠《きょ》の小田原城《おだわらじょう》は、難攻不落《なんこうふらく》としてその名をとどろかせていた。

全国各地の名門とよばれる大名たちが、下克上《げこくじょう》の機運にのみこまれてその立場をうしなっていくなか、北条家《ほうじょうけ》四代目当主の氏政《うじまさ》は、自国を守らんと力をつくした。隣《りん》国《ごく》の徳川家《とくがわけ》とは、本能寺《ほんのうじ》の変《へん》の直後に領地《りょうち》をめぐり敵対《てきたい》したが、その後に和睦《わぼく》。氏政《うじまさ》の長男の氏直《うじなお》と、家康《いえやす》の次女の督姫《とくひめ》が結婚《けっこん》し、強固な同盟《どうめい》がむすばれる。

信長《のぶなが》の死後、その権力《けんりょく》を継承《けいしょう》した秀吉《ひでよし》が天下統一《てんかとういつ》をおしすすめた結果、独立《どくりつ》している大大名《だいだいみょう》は、北《ほう》条家《じょうけ》だけになっていた。関白《かんぱく》に就《しゅう》任《にん》した秀吉《ひでよし》は、北条家《ほうじょうけ》に対して何度も臣従《しんじゅう》をせまる。しかし、秀吉《ひでよし》を軽視《けいし》する氏政《うじまさ》は、それを拒絶《きょぜつ》。同盟《どうめい》をくむ家康《いえやす》から「時流をよんで秀吉《ひでよし》に臣従《しんじゅう》するべき」と忠告《ちゅうこく》されても、うけいれなかった。

氏政《うじまさ》は、秀吉《ひでよし》が大名間の私闘《しとう》を禁《きん》じるために発令した惣無事令《そうぶじれい》を無視《むし》して、真田家《さなだけ》に合戦をしかけ、城《しろ》をうばった。その行為《こうい》に激怒《げきど》した秀吉《ひでよし》は、徳川家《とくがわけ》をはじめとする全国の大名に、北条家征伐《ほうじょうけせいばつ》の命令をくだす。

## 各地の大名が小田原《おだわら》に集結。北条家《ほうじょうけ》の征伐《せいばつ》にのりだす！



### 合戦回避《かいひ》をねがう家康《いえやす》　北条家《ほうじょうけ》を懸命《けんめい》に説得

家康《いえやす》は、小田原征伐《おだわらせいばつ》が決定する直前まで、北条家《ほうじょうけ》にねばりづよく交渉《こうしょう》をつづけていた。家康《いえやす》は、「大坂城《おおさかじょう》にいって秀吉《ひでよし》に面会してくれたら、こちらは以後、北《ほう》条家《じょうけ》の領地《りょうち》に侵攻《しんこう》しない」と利得をもちかけつつ、「それをうけいれてくれなければ、娘《むすめ》の督姫《とくひめ》を離縁《りえん》させて、同盟《どうめい》を解《かい》消《しょう》する」と圧力《あつりょく》をかけている。

家康《いえやす》の説得の影響《えいきょう》で、北条家《ほうじょうけ》では、秀《ひで》吉《よし》との交渉《こうしょう》を模索《もさく》するうごきもでてきていた。しかし、それが実現《じつげん》する前に、小《お》田原征伐《だわらせいばつ》が決行されてしまった。

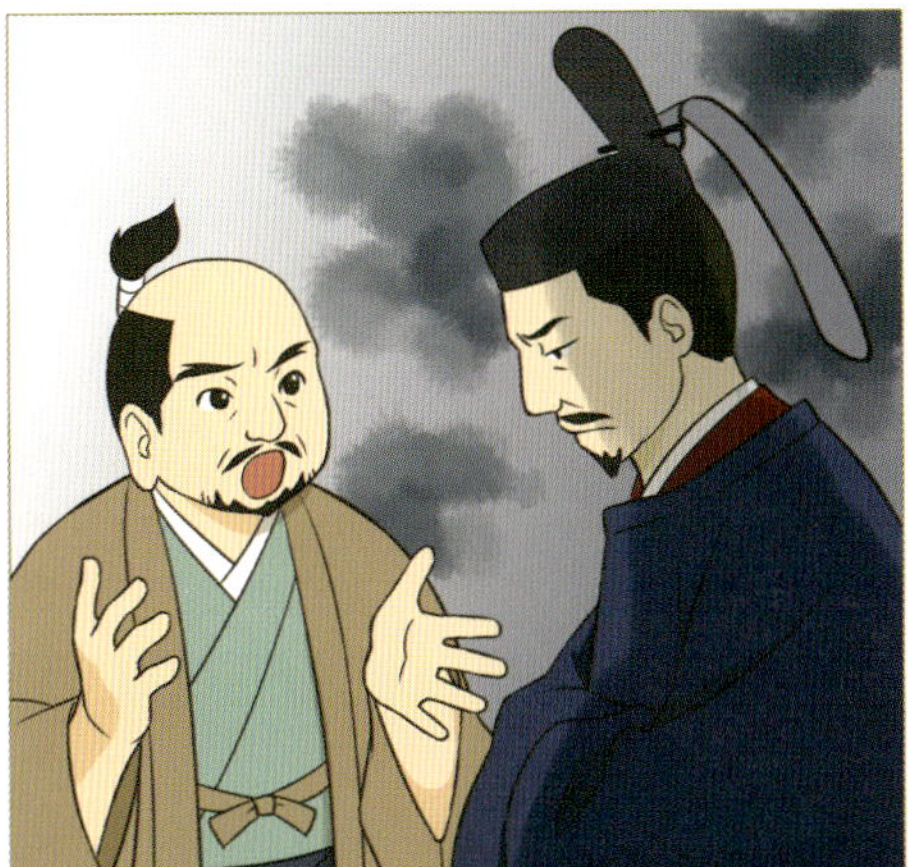

## 説得！

# 小田原征伐《おだわらせいばつ》

豊臣秀吉《とよとみひでよし》 VS《バーサス》 北条氏政《ほうじょううじまさ》

## 大軍勢《だいぐんぜい》で城《しろ》を包囲 家康《いえやす》は合戦回避《かいひ》に尽力《じんりょく》

関白秀吉《かんぱくひでよし》の号令のもと、全国の大名が集結し、小田原城《おだわらじょう》を包囲した。難攻不落《なんこうふらく》の小田原城《おだわらじょう》に籠城《ろうじょう》する北条軍《ほうじょうぐん》に対し、豊臣軍《とよとみぐん》は目だった攻撃《こうげき》をしかけない。

北条軍《ほうじょうぐん》では、同盟《どうめい》をくむ徳川《とくがわ》家《け》や伊達家《だてけ》が、機を見て味方についてくれるかもしれないと期待していた。家康《いえやす》は、その楽観《らっかん》論《ろん》に落胆《らくたん》しつつ、開戦後も氏《うじ》政《まさ》に対し「自分がとりなすので、今すぐに降伏《こうふく》して秀吉《ひでよし》にわびてほしい」と説得をつづけた。あまりに熱心な家康《いえやす》に対し、豊《とよ》臣陣営《とみじんえい》では「徳川家《とくがわけ》が北条家《ほうじょうけ》と結託《けったく》して裏切《うらぎ》りをたくらんでいる」という噂《うわさ》も浮上《ふじょう》したという。

籠城《ろうじょう》がつづくなか、もはや味方してくれる大名は存在《そんざい》しないとわかると、北条軍《ほうじょうぐん》では、敵《てき》に

| 合戦データ | ◆1590年 春 | ◆相模《さがみ》（神奈川県《かながわけん》）小田原城《おだわらじょう》 | | | |
|---|---|---|---|---|---|
| 豊臣軍《とよとみぐん》 | 総大将《そうだいしょう》 | 豊臣秀吉《とよとみひでよし》 | 戦力《せんりょく》 | 約20万人 | 勝ち |
| 北条軍《ほうじょうぐん》 | 総大将《そうだいしょう》 | 北条氏政《ほうじょううじまさ》 | 戦力《せんりょく》 | 約5万人 | 負け |

イラスト：小田原城《おだわらじょう》を見おろす秀吉《ひでよし》と家康《いえやす》

投降《とうこう》する者が続出する。それでも氏政《うじまさ》は、頑固《がんこ》に抵抗《ていこう》をつづけたが、息子の氏直《うじなお》が敗北目前の緊張感《きんちょうかん》にたえきれず、舅《しゅうと》である家康《いえやす》のもとに投降《とうこう》してしまう。これが事実上の無条件降伏《むじょうけんこうふく》となり、氏政《うじまさ》は敗北をうけいれ、小田原城《おだわらじょう》を開城《かいじょう》した。

氏政《うじまさ》は切腹《せっぷく》、氏直《うじなお》には謹慎処分《きんしんしょぶん》がくだされ、大名としての北条家《ほうじょうけ》は滅亡《めつぼう》した。そして、平和的解決《かいけつ》に尽力《じんりょく》した家康《いえやす》には、驚愕《きょうがく》の命令がくだされる。

## 徳川家《とくがわけ》の関東移封《かんとういほう》

秀吉《ひでよし》は、「北条家《ほうじょうけ》との交渉役《こうしょうやく》をつとめた恩賞《おんしょう》」という名目で、徳川家《とくがわけ》に関東《かんとう》への国がえを命《めい》じた。これは、徳川家《とくがわけ》がもつ駿《する》河《が》・遠江《とおとうみ》・三河《みかわ》・甲斐《かい》・信濃《しなの》の領地《りょうち》をめしあげて、北条家《ほうじょうけ》の旧領地《きゅうりょうち》である八か国に、強制的《きょうせいてき》に移動《いどう》させるというものだ。秀吉《ひでよし》のねらいは、文化的な後進地域《ちいき》の関東《かんとう》に家康《いえやす》をとじこめて、その力をそぐことにあった。

徳川家《とくがわけ》にとっては、石高《こくだか》こそ約百五十万石《ごく》から約二百五十万石《ごく》に加増《かぞう》されたものの、故郷《こきょう》をうしない、未開の土地にうつりすむのは、苦痛《くつう》にみちたことだった。しかし家《いえ》康《やす》は、この広大な土地に可能性《かのうせい》を見いだす。江戸城《えどじょう》を改築《かいちく》して城下町《じょうかまち》を建設《けんせつ》し、運河《うんが》をほって江戸湾《えどわん》からの水運を整備《せいび》するなど、領地《りょうち》の開発を着々《ちゃくちゃく》とすすめていった。

# 豊臣政権《とよとみせいけん》の主要人物

天下人として君臨《くんりん》した秀吉《ひでよし》は、自分の死後に、息子の秀頼《ひでより》にゆずる豊臣政権《とよとみせいけん》の永続《えいぞく》をねがい、家康《いえやす》をふくむ五人の有力大名を大老《たいろう》として、その補佐役《ほさやく》に五人の奉行《ぶぎょう》を設置《せっち》した。

## 五大老《ごたいろう》

諸大名《しょだいみょう》の上位にたち、豊臣政権《とよとみせいけん》をささえる「大老《たいろう》」の役職《やくしょく》につく五人。秀吉《ひでよし》は、裏切《うらぎ》りを未然にふせぐため、五大老間《ごたいろうかん》の私的《してき》な結婚《けっこん》や、同盟《どうめい》の締結《ていけつ》などを禁止《きんし》した。

### 徳川家康《とくがわいえやす》

◆領地《りょうち》・関東《かんとう》地方
◆石高《こくだか》・約二百五十六万石《ごく》
◆位階《いかい》・正二位《しょうにい》 内大臣《ないだいじん》

広大な領地《りょうち》と高位の位階《いかい》をもつ、五大老《ごたいろう》の筆頭格《ひっとうかく》。

## 五奉行《ごぶぎょう》

秀吉《ひでよし》の側近で、豊臣政権《とよとみせいけん》の実務《じつむ》を担当《たんとう》する、「奉行《ぶぎょう》」の役職《やくしょく》につく五人。五大老《ごたいろう》よりも位《くらい》は下だが、政治《せいじ》や軍事など、多岐《たき》にわたる実権《じっけん》をもっていた。

### 石田三成《いしだみつなり》

◆領地《りょうち》・近江《おうみ》 佐和山《さわやま》
◆石高《こくだか》・約十九万石《ごく》
◆位階《いかい》・従五位下《じゅごいげ》 治部少輔《じぶしょうゆう》

行政《ぎょうせい》を担当《たんとう》。秀吉《ひでよし》の信頼《しんらい》をえて辣腕《らつわん》をふるうが、人望に欠ける。

## 前田利家《まえだとしいえ》

◆領地《りょうち》・北陸地方《ほくりくちほう》
◆石高《こくだか》・約八十三万石《ごく》
◆位階《いかい》・従二位《じゅにい》
秀吉《ひでよし》が信頼《しんらい》をおく、五大老《ごたいろう》の重鎮《じゅうちん》。一五九九年に病死。

## 宇喜多秀家《うきたひでいえ》

◆領地《りょうち》・中国《ちゅうごく》地方東部
◆石高《こくだか》・約五十七万石《ごく》
◆位階《いかい》・従三位《じゅさんみ》 中納言《ちゅうなごん》
秀吉《ひでよし》にかわいがられた若《わか》い大名。「秀《ひで》」の名は秀吉《ひでよし》からもらった。

## 毛利輝元《もうりてるもと》

◆領地《りょうち》・中国《ちゅうごく》地方西部
◆石高《こくだか》・約百二十万石《ごく》
◆位階《いかい》・従三位《じゅさんみ》 中納言《ちゅうなごん》
豊臣政権《とよとみせいけん》に初期から臣従《しんじゅう》した大名。強力な水軍を保有《ほゆう》する。

## 上杉景勝《うえすぎかげかつ》

◆領地《りょうち》・東北《とうほく》地方西南部
◆石高《こくだか》・約百二十万石《ごく》
◆位階《いかい》・従三位《じゅさんみ》 中納言《ちゅうなごん》
秀吉《ひでよし》から、関東《かんとう》地方の徳川家《とくがわけ》の監視役《かんしやく》を命《めい》じられる。

## 浅野長政《あさのながまさ》

◆領地《りょうち》・甲斐《かい》 甲府《こうふ》
◆石高《こくだか》・約二十二万石《ごく》
◆位階《いかい》・従五位下《じゅごいげ》 弾正少弼《だんじょうしょうひつ》
司法を担当《たんとう》。長政《ながまさ》と三成《みつなり》のふたりが、五奉行《ごぶぎょう》の筆頭格《ひっとうかく》とされる。

## 増田長盛《ましたながもり》

◆領地《りょうち》・大和《やまと》 郡山《こおりやま》
◆石高《こくだか》・約二十二万石《ごく》
◆位階《いかい》・従五位下《じゅごいげ》 右衛門少尉《えもんしょうい》
土木を担当《たんとう》。太閤検地《たいこうけんち》をとりしきり、城《しろ》や橋などの改修《かいしゅう》を手がけた。

## 長束正家《なつかまさいえ》

◆領地《りょうち》・近江《おうみ》 水口《みなくち》
◆石高《こくだか》・約五万石《ごく》
◆位階《いかい》・従五位下《じゅごいげ》 大蔵大輔《おおくらたゆう》
財政《ざいせい》を担当《たんとう》。卓越《たくえつ》した算術能力《さんじゅつのうりょく》で、豊臣政権《とよとみせいけん》をささえた。

## 前田玄以《まえだげんい》

◆領地《りょうち》・丹波《たんば》 亀山《かめやま》
◆石高《こくだか》・約五万石《ごく》
◆僧位《そうい》・民部卿《みんぶきょう》 法印《ほういん》
宗教《しゅうきょう》を担当《たんとう》。高位の僧侶《そうりょ》で、朝廷《ちょうてい》との交渉役《こうしょうやく》になった。

家康《いえやす》のライバル 七

# 石田《いしだ》三成《みつなり》

豊臣《とよとみ》政権《せいけん》の行政官《ぎょうせいかん》を担当《たんとう》。秀吉《ひでよし》の死後に家康《いえやす》と敵対《てきたい》し、関ヶ原《せきがはら》の戦《たたか》いで激突《げきとつ》する。

本拠地《ほんきょち》 近江《おうみ》（滋賀県《しがけん》）

居城《きょじょう》 佐和山城《さわやまじょう》

# 豊臣《とよとみ》政権《せいけん》の敏腕《びんわん》行政官《ぎょうせいかん》 老獪《ろうかい》な家康《いえやす》に翻弄《ほんろう》される

寺で小姓《こしょう》をしていた石田三成《いしだみつなり》が、心をくばった三杯《ばい》の茶をだして、秀吉《ひでよし》に気にいられた——。ドラマチックな出会いの逸話《いつわ》で有名な三成《みつなり》だが、これは江戸《えど》時代に創作《そうさく》されたものだという。実際《じっさい》は、少年期に父や兄とともに秀吉《ひでよし》に仕官したとされ、頭脳明晰《ずのうめいせき》な三成《みつなり》は、おもに政務《せいむ》や軍務《ぐんむ》などの事務《じむ》方面で才能《さいのう》を発揮《はっき》。秀吉《ひでよし》が天下をとってからは、豊臣政権《とよとみせいけん》をとりしきる行政官《ぎょうせいかん》をまかされた。秀吉《ひでよし》からの信頼《しんらい》はあつく、三成《みつなり》も秀吉《ひでよし》に忠義《ちゅうぎ》をつくすが、物事を合理的にはこびすぎるあまり、人望はとぼしかった。とくに、加藤清正《かとうきよまさ》や福島正則《ふくしままさのり》ら、武力《ぶりょく》を重視《じゅうし》する武将《ぶしょう》からは毛ぎらいされていたという。

秀吉《ひでよし》は晩年《ばんねん》に、豊臣政権《とよとみせいけん》をになう五大老《ごたいろう》と五奉行《ごぶぎょう》を創設《そうせつ》した。五《ご》大老《たいろう》とは、徳川家康《とくがわいえやす》や毛利輝元《もうりてるもと》ら五人の大名による首脳陣《しゅのうじん》だ。五奉《ごぶ》行《ぎょう》は、政権《せいけん》の実務《じつむ》をになう統括官《とうかつかん》で、三成《みつなり》はその筆頭格《ひっとうかく》をつとめる。秀吉《ひでよし》は、彼《かれ》らに豊臣政権《とよとみせいけん》の存続《そんぞく》をたくして病死した。ところが、その直後から三成《みつなり》の排斥《はいせき》をもとめる声がたかまり、豊臣政権《とよとみせいけん》を二分《にぶん》する内紛《ないふん》が勃発《ぼっぱつ》。その原因《げんいん》が家康《いえやす》の暗躍《あんやく》にあるとにらんだ三成《みつなり》は、家《いえ》康《やす》を討《う》つべく、諸将《しょしょう》によびかけて大軍勢《だいぐんぜい》を編成《へんせい》し、決戦の地・関ケ《せきが》原《はら》へと兵をすすめる。

**天下分け目の大合戦、関ヶ原《せきがはら》の戦《たたか》いがはじまる！**

## 家康《いえやす》、三成《みつなり》を出汁《だし》に豊臣政権《とよとみせいけん》の内紛《ないふん》をあおる

家康《いえやす》は、秀吉《ひでよし》の死後、すぐさま豊臣政《とよとみせい》権《けん》の分断《ぶんだん》にのりだした。三成《みつなり》をきらう武《ぶ》将《しょう》たちの相談にのって味方にひきこみ、加藤清正《かとうきよまさ》や福島正則《ふくしままさのり》、伊達政宗《だてまさむね》などの有力武将《ぶしょう》とは、娘《むすめ》をとつがせるなどして縁《えん》戚《せき》関係をむすんだのだ。

「反・三成《みつなり》」という構造《こうぞう》をつくりあげた家康《いえやす》は、三成派《みつなりは》の挙兵をさそうかのように、会津征伐《あいづせいばつ》という名目で、みずから兵をひきいて江戸《えど》をでた。すると、家康《いえやす》のもくろみどおり、三成派《みつなりは》が一斉《いっせい》に挙兵。両軍は、美濃《みの》の関ケ原《せきがはら》で激突《げきとつ》する。

※関ヶ原《せきがはら》の「ケ」の字は、合戦名では小文字、地名では大文字で表記しています。

# 対決！ 関《せき》ヶ《が》原《はら》の戦《たたか》い

徳川家康《とくがわいえやす》 VS《バーサス》 石田三成《いしだみつなり》

## 天下分け目の大合戦 劇的《げきてき》な展開《てんかい》で終結

三成《みつなり》のよびかけにおうじた軍を「西軍《せいぐん》」、家康《いえやす》に味方する軍を「東軍《とうぐん》」という。全国の武《ぶ》将《しょう》が参陣《さんじん》し、両軍あわせて約十六万の兵が、関ケ原《せきがはら》にて陣《じん》をかまえた。この合戦の勝敗が、次代の天下人を決定し、日本の未来をかえることになる。

霧《きり》のたちこめる朝、決戦の火ぶたがきられた。両軍がはげしくぶつかりあい、一進一退《いっしんいったい》をくりかえしつつ、午前中はほぼ互《ご》角《かく》の様相となる。

三成《みつなり》は、山頂《さんちょう》に待機させていた小早川秀秋《こばやかわひであき》に、突撃《とつげき》の合図をおくった。しかし、小早川軍《こばやかわぐん》はまったくうごかない。三成《みつなり》が奇《き》妙《みょう》におもっていると、東軍《とうぐん》から、小早川軍《こばやかわぐん》のいる山頂《さんちょう》にむけて、一斉射撃《いっせいしゃげき》がおこなわれた。すると、それを合図とするように、小早川軍《こばやかわぐん》が東軍《とうぐん》へと寝返《ねがえ》り、西《せい》軍《ぐん》への猛攻《もうこう》を開始した。家康《いえやす》は、事前に小早川秀秋《こばやかわひであき》と接触《せっしょく》して味方にひきこみ、合戦中に寝返《ねがえ》るよう指示《しじ》をだしていたのだ。

この寝返《ねがえ》りをきっかけに、東《とう》軍《ぐん》が総攻撃《そうこうげき》を展開《てんかい》した。西軍《せいぐん》は、裏切《うらぎ》りの動揺《どうよう》もあって戦線をささえられず、多くの将兵《しょうへい》がたおされていく。そして、午後三時すぎには、西軍《せいぐん》の大敗北をもって、合戦が終結した。

| 合戦データ | | | | |
|---|---|---|---|---|
| ◆1600年 夏　◆美濃《みの》（岐阜県《ぎふけん》）関ケ原《せきがはら》 | | | | |
| 東軍《とうぐん》 | 総大将《そうだいしょう》 | 徳川家康《とくがわいえやす》 | 戦力《せんりょく》 約7万5千人 | 勝ち |
| 西軍《せいぐん》 | 総大将《そうだいしょう》 | 毛利輝元《もうりてるもと》（合戦には不参加） | 戦力《せんりょく》 約8万2千人 | 負け |

イラスト：合戦で指揮《しき》をとる家康《いえやす》（右）と三成《みつなり》（左）

## 家康《いえやす》の天下の到来《とうらい》

関ケ原《せきがはら》の戦《たたか》いは、わずか半日で、東軍《とうぐん》が大勝利をおさめた。三成《みつなり》は、逃走中《とうそうちゅう》にとらえられ、斬首刑《ざんしゅけい》で世をさる。西軍《せいぐん》についた大名たちは、領地《りょうち》の没収《ぼっしゅう》、もしくは大幅《おおはば》な削減《さくげん》を、家康《いえやす》から命《めい》じられた。

家康《いえやす》は、東軍《とうぐん》に味方してくれた武将《ぶしょう》たちに、「秀頼様《ひでよりさま》のことは大切にする」とつたえていた。ところが戦後、豊臣家《とよとみけ》には、摂津《せっつ》・河内《かわち》・和泉《いずみ》の領地《りょうち》をあたえたが、それはもはや臣従《しんじゅう》した者に対するあつかいで、事実上、豊臣政権《とよとみせいけん》を瓦解《がかい》させたのだった。

一六〇三年、家康《いえやす》は征夷大将軍《せいいたいしょうぐん》に就任《しゅうにん》し、江戸幕府《えどばくふ》をひらいた。しかし、関ケ原《せきがはら》の戦《たたか》いは、その後にも影響《えいきょう》をあたえる。合戦以後に臣従《しんじゅう》した大名は「外様《とざま》」とよばれ、中央の政治《せいじ》から遠ざけられた。

# 関ヶ原《せきがはら》の戦《たたか》いの陣容《じんよう》

関ヶ原《せきがはら》の戦《たたか》いは、合戦の参加・不参加にかかわらず、全国のほぼすべての大名が、東軍《とうぐん》と西軍《せいぐん》のどちらにつくかを表明した。

## 東軍《とうぐん》と西軍《せいぐん》のおもな武将《ぶしょう》

◎「☆」は関ヶ原《せきがはら》の現場《げんば》にいなかった大名。

◎「△」は合戦中に寝返《ねがえ》った大名。

### 東軍《とうぐん》〈兵力 約七万五千人〉

**徳川家康《とくがわいえやす》**

豊臣政権《とよとみせいけん》の五大老《ごたいろう》筆頭であり、東軍《とうぐん》の総《そう》大将《だいしょう》。この合戦で大勝利をおさめたのち、味方には領地《りょうち》の加増《かぞう》を、敵《てき》には領地《りょうち》の削減《さくげん》または没収《ぼっしゅう》をおこなった。

**浅野長政《あさのながまさ》★**

豊臣政権《とよとみせいけん》の五奉行《ごぶぎょう》。家康《いえやす》と仲がよく、三《みつ》成《なり》とは不仲だったため、東軍《とうぐん》につく。戦後に加増《かぞう》される。

**井伊直政《いいなおまさ》**

徳川家《とくがわけ》の重臣《じゅうしん》。戦後、石田三成《いしだみつなり》の領地《りょうち》をあたえられた。

**本多忠勝《ほんだただかつ》**

徳川家《とくがわけ》の重臣《じゅうしん》であり猛将《もうしょう》。合戦で大活躍《だいかつやく》したが、褒美《ほうび》の加増《かぞう》はことわった。

**加藤清正《かとうきよまさ》★**

秀吉《ひでよし》の親戚《しんせき》だが、三成《みつなり》と仲がわるく、東《とう》軍《ぐん》につく。戦後に加増《かぞう》される。

**福島正則《ふくしままさのり》**

秀吉《ひでよし》の従兄弟《いとこ》だが、三成《みつなり》と仲がわるく、東軍《とうぐん》から参戦。戦後に加増《かぞう》される。

**黒田長政《くろだながまさ》**

名軍師《めいぐんし》、黒田官兵衛《くろだかんべえ》の息子。戦後に加増《かぞう》される。

**伊達政宗《だてまさむね》★**

秀吉《ひでよし》の死後、家康《いえやす》と縁戚《えんせき》をむすび、東軍《とうぐん》に味方する。戦後に加増《かぞう》される。

**藤堂高虎《とうどうたかとら》**

世渡《よわた》り上手な武将《ぶしょう》。秀吉《ひでよし》の死後に家康《いえやす》に接近《せっきん》し、東軍《とうぐん》につく。戦後に加増《かぞう》される。

**山内一豊《やまうちかつとよ》**

豊臣家《とよとみけ》に臣従《しんじゅう》する小大名だったが、東軍《とうぐん》に味方して活躍《かつやく》し、戦後に土佐《とさ》をあたえられた。

## 西軍《せいぐん》〈兵力 約八万二千人〉

### 毛利輝元《もうりてるもと》★
豊臣政権《とよとみせいけん》の五大老《ごたいろう》であり、西軍《せいぐん》の総大将《そうだいしょう》。大坂城《おおさかじょう》を守り、合戦には不参加だった。戦後、領地《りょうち》を大幅《おおはば》に削減《さくげん》された。

### 上杉景勝《うえすぎかげかつ》★
豊臣政権《とよとみせいけん》の五大老《ごたいろう》。戦後、家康《いえやす》に謝罪《しゃざい》してとりつぶしはまぬかれるが、領地《りょうち》の移動《いどう》を命《めい》じられる。

### 宇喜多秀家《うきたひでいえ》
豊臣政権《とよとみせいけん》の五大老《ごたいろう》。戦後、宇喜多《うきた》家《け》はとりつぶされ、秀家《ひでいえ》は島流しとなった。

### 石田三成《いしだみつなり》
豊臣政権《とよとみせいけん》の五奉行《ごぶぎょう》。戦後、三成《みつなり》は処刑《しょけい》され、領地《りょうち》は没収《ぼっしゅう》された。

### 増田長盛《ましたながもり》★
豊臣政権《とよとみせいけん》の五奉行《ごぶぎょう》。毛利輝元《もうりてるもと》とともに大坂城《おおさかじょう》にとどまった。戦後、領地《りょうち》を没収《ぼっしゅう》される。

### 長束正家《なつかまさいえ》
豊臣政権《とよとみせいけん》の五奉行《ごぶぎょう》。敗戦直後に切腹《せっぷく》。領地《りょうち》は没収《ぼっしゅう》された。

### 前田玄以《まえだげんい》★
豊臣政権《とよとみせいけん》の五奉行《ごぶぎょう》。西軍《せいぐん》につくが、家康《いえやす》と内通し、病気を理由に合戦には参加せず。戦後は領地《りょうち》を安堵《あんど》された。

### 大谷吉継《おおたによしつぐ》
石田三成《いしだみつなり》の盟友《めいゆう》。寝返《ねがえ》った小早川軍《こばやかわぐん》とたたかい、自軍の壊滅《かいめつ》と同時に切腹《せっぷく》した。戦後、領地《りょうち》は没収《ぼっしゅう》された。

### 島津義弘《しまづよしひろ》
鬼島津《おにしまづ》とよばれた猛将《もうしょう》。西軍《せいぐん》が壊滅《かいめつ》するなか、敵陣《てきじん》に突撃《とつげき》して退路《たいろ》をこじあけ、薩摩《さつま》に帰還《きかん》した。

### 長宗我部盛親《ちょうそかべもりちか》
西軍《せいぐん》として参戦するも、敵軍《てきぐん》と交戦することなく敗戦をむかえた。戦後、領地《りょうち》は没収《ぼっしゅう》され、大名としての長宗我部《ちょうそかべ》家《け》はとりつぶされた。

### 真田昌幸《さなだまさゆき》★
長男の信之《のぶゆき》は東軍《とうぐん》に、自分は次男の信繁《のぶしげ》とともに西軍《せいぐん》につく。自国の信濃《しなの》で、関ケ原《せきがはら》にむかう徳川《とくがわ》の部隊を足どめした。戦後、九度山《くどやま》の山中に幽閉《ゆうへい》される。

### 小早川秀秋《こばやかわひであき》▲
秀吉《ひでよし》の親戚《しんせき》だが、家康《いえやす》に懐柔《かいじゅう》される。西軍《せいぐん》として参戦し、合戦中に東軍《とうぐん》に寝返《ねがえ》る。加増《かぞう》されたが、二年後に突然死《とつぜんし》する。

### 吉川広家《きっかわひろいえ》▲
家康《いえやす》の勝利を予見し、本家である毛利《もうり》家《け》の安堵《あんど》を条件《じょうけん》に東軍《とうぐん》へと寝返《ねがえ》ったが、戦後、毛利《もうり》家《け》安堵《あんど》の約束はやぶられた。

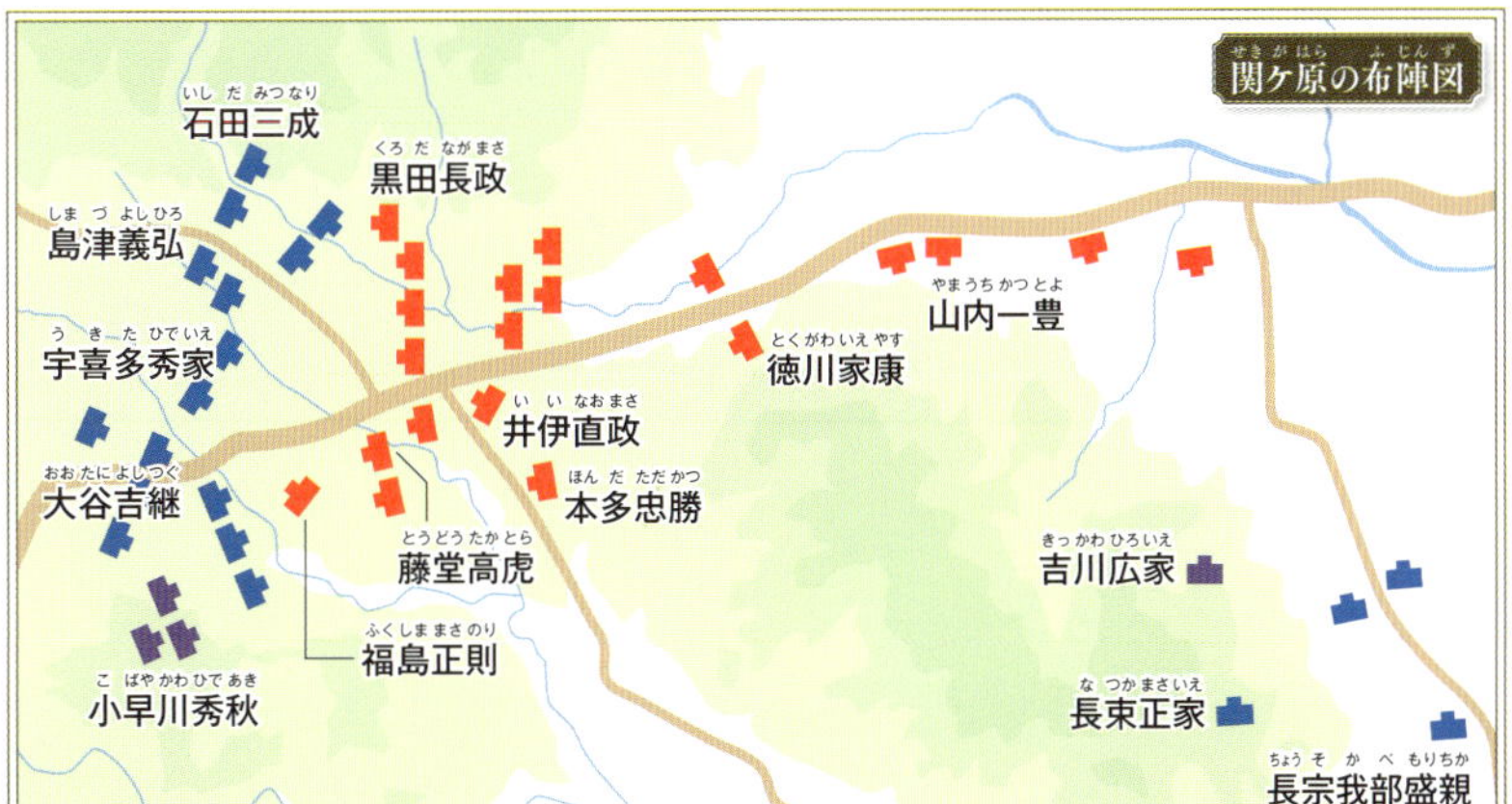

家康《いえやす》のライバル 八

# 真《さな》田《だ》家《け》

大国に翻弄《ほんろう》された小領主《しょうりょうしゅ》。真田家《さなだけ》の存続《そんぞく》をかけて、徳川家《とくがわけ》を相手に奮闘《ふんとう》する。

本拠地《ほんきょち》 信濃《しなの》（長野県《ながのけん》）

居城《きょじょう》 上田城《うえだじょう》

# 家康《いえやす》をわずらわせつづけた智略《ちりゃく》ひかる信濃《しなの》の小領主《しょうりょうしゅ》

信濃《しなの》の小領主《しょうりょうしゅ》である真田家《さなだけ》は、幾度《いくど》となく滅亡《めつぼう》の危機《きき》をむかえながらも、当主の昌幸《まさゆき》と、息子の信之《のぶゆき》、信繁《のぶしげ》が、智略《ちりゃく》を駆使《くし》してその困難《こんなん》をのりこえてきた。

昌幸《まさゆき》は、武田家《たけだけ》に臣従《しんじゅう》して信玄《しんげん》の側近をつとめていたが、次代当主の勝頼《かつより》が武田家《たけだけ》を滅亡《めつぼう》させてしまい、よりどころをうしなう。そこで、織田家《おだけ》に臣従《しんじゅう》する道をえらんだが、本能寺《ほんのうじ》の変《へん》がおこり、信長《のぶなが》が他界してしまう。

真田家《さなだけ》の危機《きき》はつづく。旧武田《きゅうたけだ》領《りょう》をめぐり、徳川家《とくがわけ》・上杉家《うえすぎけ》・北条家《ほうじょうけ》による熾烈《しれつ》な争奪戦《そうだつせん》が勃発《ぼっぱつ》したのだ。これに真田家《さなだけ》もまきこまれ、信濃《しなの》に侵攻《しんこう》してきた徳川軍《とくがわぐん》を、居城《きょじょう》の上田城《うえだじょう》でむかえうつ。この第一次上田合戦《うえだかっせん》で、徳川《とくがわ》の大軍勢《だいぐんぜい》をみごとに撃退《げきたい》したことで、真田家《さなだけ》の名が全国にとどろいた。

それを好機ととらえた昌幸《まさゆき》は、縁故《えんこ》づくりに尽力《じんりょく》する。長男の信之《のぶゆき》を徳川家《とくがわけ》重臣《じゅうしん》の本多忠勝《ほんだただかつ》の娘《むすめ》と結婚《けっこん》させ、次男の信繁《のぶしげ》を秀吉《ひでよし》の警護役《けいごやく》として大坂城《おおさかじょう》に出仕《しゅっし》させたのだ。しかし、秀吉《ひでよし》の死後、徳川家《とくがわけ》と豊臣家《とよとみけ》の両者と縁《えん》をもったことが裏目《うらめ》にでる。家康《いえやす》が、豊臣政権《とよとみせいけん》の中心人物である石田三成《いしだみつなり》と対立し、関ヶ原《せきがはら》の戦《たたか》いに発展《はってん》したのだ。真田家《さなだけ》は、徳川家《とくがわけ》に味方するべきか否《いな》か、困難《こんなん》な選択《せんたく》をせまられる。

## 関ヶ原《せきがはら》の戦《たたか》いの舞台裏《ぶたいうら》で第二次上田合戦《うえだかっせん》がおこる！

### 家康《いえやす》すらもだしぬいた真田家《さなだけ》の戦法と智略《ちりゃく》

第一次上田合戦《うえだかっせん》で、約八千人の兵をもつ徳川軍《とくがわぐん》は、約二千人の真田軍《さなだぐん》に敗北した。真田軍《さなだぐん》の強みは、自国の地の利をいかした独特《どくとく》な戦法にある。徳川軍《とくがわぐん》は、奇襲《きしゅう》や陽動を駆使《くし》する真田軍《さなだぐん》の作戦にことごとくはまり、大損害《だいそんがい》をうけたのだった。

この敗北は、家康《いえやす》のプライドを大いに傷《きず》つけた。しかし、天下人の秀吉《ひでよし》が、真田家《さなだけ》の武勇伝《ぶゆうでん》を気にいってしまったため、家康《いえやす》としては引きさがらざるをえない。家康《いえやす》は、家臣《かしん》の本多忠勝《ほんだただかつ》の娘《むすめ》を真田家《さなだけ》にとつがせ、様子を見るにとどめていた。

※真田信繁《さなだのぶしげ》は、「真田幸村《さなだゆきむら》」ともいわれます。

対決！

# 第二次上田合戦《うえだかっせん》

徳川秀忠軍《とくがわひでただぐん》 VS《バーサス》 真田軍《さなだぐん》

## 関ケ原《せきがはら》にいく徳川軍《とくがわぐん》を真田軍《さなだぐん》が足どめ

関ケ原《せきがはら》の戦《たたか》いの直前、真田昌幸《さなだまさゆき》は苦渋《くじゅう》の決断《けつだん》をした。自分と次男の信繁《のぶしげ》は石田三成《いしだみつなり》に味方し、長男の信之《のぶゆき》は徳川家康《とくがわいえやす》にしたがわせたのだ。これは、どちらが勝利しても真田家《さなだけ》を存続《そんぞく》させるための、昌幸《まさゆき》の奇策《きさく》だった。

家康《いえやす》の息子、徳川秀忠《とくがわひでただ》がひきいる大軍が、関ケ原《せきがはら》に参陣《さんじん》するべく、上田城《うえだじょう》の付近を通過《つうか》しようとしていた。昌幸《まさゆき》と信繁《のぶしげ》は、これを足どめするため、秀忠軍《ひでただぐん》に痛烈《つうれつ》な挑発《ちょうはつ》をあびせる。すると、秀忠軍《ひでただぐん》は激怒《げきど》し、真田軍《さなだぐん》に総攻撃《そうこうげき》を開始した。

秀忠軍《ひでただぐん》は、第一次上田合戦《うえだかっせん》での敗戦からまなび、今回は付近にある戸石城《といしじょう》をうばい、そこを拠点《きょてん》にして上田城《うえだじょう》を落とすという作戦をたてた。そして、圧倒《あっとう》

| 合戦データ | ◆1600年 夏　◆信濃《しなの》（長野県《ながのけん》）上田城《うえだじょう》 | | | | |
|---|---|---|---|---|---|
| 徳川軍《とくがわぐん》 | 総大将《そうだいしょう》 | 徳川秀忠《とくがわひでただ》 | 戦力《せんりょく》 | 約3万8千人 | 負け |
| 真田軍《さなだぐん》 | 総大将《そうだいしょう》 | 真田昌幸《さなだまさゆき》 | 戦力《せんりょく》 | 約3千人 | 勝ち |

イラスト：徳川軍《とくがわぐん》に奇襲《きしゅう》をかける真田軍《さなだぐん》

的《てき》な兵力で、すぐさま戸石城《といしじょう》を奪取《だっしゅ》。上田城《うえだじょう》の攻略《こうりゃく》は、時間の問題かとおもわれた。

しかし戸石城《といしじょう》は、真田軍《さなだぐん》が敗戦をよそおってわざと放棄《ほうき》したものだった。地の利を知りつくす真田軍《さなだぐん》は、川を決壊《けっかい》させて水《みず》攻《ぜ》めをしかけ、各所で奇襲攻撃《きしゅうこうげき》を展開《てんかい》し、秀忠軍《ひでただぐん》をさんざんにうちくずしていく。

ついに秀忠軍《ひでただぐん》は、敗北をきって撤退《てったい》した。彼《かれ》らは、関ヶ原《せきがはら》の戦《たたか》いにも間にあわなかった。

## 家康《いえやす》、怒《いか》り心頭《しんとう》

家康《いえやす》は激怒《げきど》した。真田《さなだ》などという小領主《しょうりょうしゅ》に、徳川《とくがわ》の大軍が二度にわたって敗北してしまったのだ。世間では、「徳川《とくがわ》の天敵《てんてき》」として真田家《さなだけ》をたたえる声まであがっている。家康《いえやす》は、主戦である関ヶ原《せきがはら》の戦《たたか》いには完勝したものの、上田合戦《うえだかっせん》での敗戦は屈辱《くつじょく》をきわめ、大将《たいしょう》をつとめた息子の秀忠《ひでただ》には、しばらく面会をゆるさないほど憤怒《ふんぬ》した。

家康《いえやす》は、昌幸《まさゆき》と信繁《のぶしげ》を処刑《しょけい》しようとした。しかし、徳川方《とくがわがた》についた真田信之《さなだのぶゆき》と、その義父《ぎふ》の本多忠勝《ほんたただかつ》が助命を懇願《こんがん》したため、紀《き》伊《い》の九度山《くどやま》への幽閉処分《ゆうへいしょぶん》にとどめる。

昌幸《まさゆき》と信繁《のぶしげ》は、九度山《くどやま》での過酷《かこく》な幽閉《ゆうへい》生活をしいられた。昌幸《まさゆき》は、十一年後に病死。信繁《のぶしげ》は、復活《ふっかつ》の機会を虎視眈々《こしたんたん》とうかがいつづけ、大坂《おおさか》の役《えき》で日の目を見る。

家康《いえやす》のライバル 九

# 豊臣秀頼《とよとみひでより》

秀吉《ひでよし》の跡取《あとと》りとして豊臣家《とよとみけ》をささえるも、家康《いえやす》に目をつけられる。

本拠地《ほんきょち》 摂津《せっつ》(大阪府《おおさかふ》)

居《きょ》城《じょう》 大坂城《おおさかじょう》

# 秀吉《ひでよし》の跡《あと》をつぐ豊臣家《とよとみけ》当主 「大坂《おおさか》の役《えき》」で家康《いえやす》と激突《げきとつ》

関ヶ原《せきがはら》の戦《たたか》いは、両軍ともに、「秀吉《ひでよし》の世継《よつ》ぎである秀頼《ひでより》のための合戦」であることを大義名分《たいぎめいぶん》としていた。しかし、勝利した家康《いえやす》は、豊臣家《とよとみけ》の領地《りょうち》を勝手に分配し、秀頼《ひでより》を大坂城《おおさかじょう》にふうじこめてしまう。それでも秀頼《ひでより》は、徳川家《とくがわけ》の決定にしたがいつづけた。

秀頼《ひでより》は、秀吉《ひでよし》の供養《くよう》という名目で、多数の寺社の再建《さいけん》に協力していた。しかし、そのひとつである京《きょう》の方広寺《ほうこうじ》の鐘《かね》にある文言《もんごん》が「家《いえ》康《やす》を呪《のろ》っている」と、徳川家《とくがわけ》から難癖《なんくせ》をつけられる。秀頼《ひでより》は、その誤解《ごかい》を正そうと手をつくしたが、徳川家《とくがわけ》は対話を拒絶《きょぜつ》し、全国の大名に豊臣家《とよとみけ》の討伐《とうばつ》を命《めい》じた。

秀頼《ひでより》は、徳川家《とくがわけ》とたたかうことを決意し、各地の武将《ぶしょう》に参陣《さんじん》をよびかけた。すると、徳川家《とくがわけ》にうらみをもつ武将《ぶしょう》や浪人《ろうにん》たちが、続々《ぞくぞく》と大坂城《おおさかじょう》に集結。真田信繁《さなだのぶしげ》は、幽《ゆう》閉《へい》されていた九度山《くどやま》を脱出《だっしゅつ》して、秀頼《ひでより》のもとにやってきた。

一六一四年、大坂冬《おおさかふゆ》の陣《じん》が勃発《ぼっぱつ》した。大坂城《おおさかじょう》に籠城《ろうじょう》する豊臣軍《とよとみぐん》を、徳川軍《とくがわぐん》は約二十万人の兵で包囲し、猛攻《もうこう》する。しかし、城《しろ》の守りがかたく、真田信繁《さなだのぶしげ》をはじめとする豊《とよ》臣軍《とみぐん》も奮闘《ふんとう》し、なかなか決着がつかない。そこで、豊臣方《とよとみがた》から講和《こうわ》がもちかけられ、徳川方《とくがわがた》がうけいれて、停戦の約束がむすばれた。

**しかし停戦は束《つか》の間《ま》だった。「大坂夏《おおさかなつ》の陣《じん》」で再激突《さいげきとつ》!**

## 「またしても真田《さなだ》!」家康《いえやす》と対峙《たいじ》した真田信繁《さなだのぶしげ》

家康《いえやす》は、豊臣《とよとみ》の血筋《ちすじ》がいずれ江戸幕府《えどばくふ》の存続《そんぞく》をおびやかすと危惧《きぐ》し、寺の鐘《かね》の文言《もんごん》にいいがかりをつけて、強引に開戦へともちこんだ。大軍勢《だいぐんぜい》で攻《せ》めれば勝利はたやすいと見こんでいたが、おもわぬ誤算《ごさん》がでる。徳川《とくがわ》の天敵《てんてき》とよばれる真田《さなだ》家《け》から、真田信繁《さなだのぶしげ》が参戦していたのだ。大坂冬《おおさかふゆ》の陣《じん》で、信繁《のぶしげ》は、大坂城《おおさかじょう》の南側に真田丸《さなだまる》とよばれる砦《とりで》をつくり、徳川軍《とくがわぐん》に大打撃《だいだげき》をあたえた。煮《に》え湯《ゆ》をのまされた家康《いえやす》は、秀頼《ひでより》と講和《こうわ》をむすぶ際《さい》、諸条《しょじょう》件《けん》のなかに真田丸《さなだまる》の撤去《てっきょ》をもりこんだ。

※大坂《おおさか》の役《えき》は、大坂冬《おおさかふゆ》の陣《じん》と大坂夏《おおさかなつ》の陣《じん》の総称《そうしょう》で、「大坂《おおさか》の陣《じん》」ともいいます。

対決！

# 大坂夏《おおさかなつ》の陣《じん》

徳川家康《とくがわいえやす》 VS《バーサス》 豊臣秀頼《とよとみひでより》

## 豊臣勢《とよとみぜい》を一掃《いっそう》した戦国期最後の大合戦

大坂冬《おおさかふゆ》の陣《じん》での講和時《こうわじ》、家康《いえやす》は、大坂城《おおさかじょう》の周囲の堀《ほり》をうめることを条件《じょうけん》にいれた。その後、すみやかに外堀《そとぼり》と内堀《うちぼり》がうめたてられると、すぐさま家康《いえやす》は、「大坂城《おおさかじょう》をでて僻地《へきち》にうつるように」と秀頼《ひでより》に命令をくだす。これを秀頼《ひでより》が拒否《きょひ》すると、幕府《ばくふ》への敵対行為《てきたいこうい》として、家康《いえやす》はふたたび大坂城《おおさかじょう》を攻《せ》めた。

大坂夏《おおさかなつ》の陣《じん》、それは豊臣軍《とよとみぐん》にとって悲惨《ひさん》な合戦だった。堀《ほり》をうしなった大坂城《おおさかじょう》は丸裸《まるはだか》も同然で、籠城戦《ろうじょうせん》は不可能《ふかのう》である。将《しょう》兵《へい》たちは城《しろ》からでてたたかうほかなく、徳川《とくがわ》の大軍に真正面からぶつかっていく。

大坂冬《おおさかふゆ》の陣《じん》で名をあげた豊臣《とよとみ》軍《ぐん》の武将《ぶしょう》たちは、次々《つぎつぎ》と戦死していった。赤い甲冑《かっちゅう》などを装備《そうび》

**合戦データ**

◆1615年 夏　◆摂津《せっつ》（大阪府《おおさかふ》）大坂城《おおさかじょう》

| | | | | | |
|---|---|---|---|---|---|
| 徳川軍《とくがわぐん》 | 総大将《そうだいしょう》 | 徳川家康《とくがわいえやす》・徳川秀忠《とくがわひでただ》 | 戦力《せんりょく》 | 約15万人 | 勝ち |
| 豊臣軍《とよとみぐん》 | 総大将《そうだいしょう》 | 豊臣秀頼《とよとみひでより》 | 戦力《せんりょく》 | 約5万人 | 負け |

イラスト：徳川本陣《とくがわほんじん》に突撃《とつげき》して家康《いえやす》に肉薄《にくはく》する真田信繁《さなだのぶしげ》

した「赤備《あかぞな》え」の真田信繁《さなだのぶしげ》は、敵本陣《てきほんじん》に三度にわたり突撃《とつげき》し、一時は家康《いえやす》に肉薄《にくはく》したが、ついに力つきて討《う》ちとられた。

豊臣軍《とよとみぐん》の敗北が決定的になったとき、大坂城《おおさかじょう》にいた秀頼《ひでより》は、母の淀殿《よどどの》とともに自刃《じじん》して、この世をさった。大坂城《おおさかじょう》は、内部から火の手があがり、夜空を真っ赤にそめるほど燃《も》えあがったのちに落城《らくじょう》。秀吉《ひでよし》が一代できずきあげた豊臣家《とよとみけ》の栄華《えいが》は、ここに終焉《しゅうえん》をむかえた。

## 家康《いえやす》の冷酷《れいこく》な処断《しょだん》

家康《いえやす》は、秀頼《ひでより》の息子である国松《くにまつ》を処刑《しょけい》し、豊臣家《とよとみけ》の血縁《けつえん》を徹底的《てっていてき》に根絶《こんぜつ》させた。また、大坂《おおさか》の役《えき》で敵対《てきたい》した将兵《しょうへい》にも、斬首《ざんしゅ》や切腹《せっぷく》など、きびしい処分《しょぶん》がくだされた。

大坂《おおさか》の役《えき》に参戦した武将《ぶしょう》たちにとって、敗者へのきびしすぎる処断《しょだん》は複雑《ふくざつ》なおもいだったにちがいない。その心情《しんじょう》は、諸将《しょしょう》が口にしたという真田信繁《さなだのぶしげ》への称賛《しょうさん》からうかがえる。豊臣家《とよとみけ》への忠義《ちゅうぎ》をつらぬき、絶対《ぜったい》的権力者《てきけんりょくしゃ》である家康《いえやす》にあらがって、最後は戦場で命をちらせた男。武士《ぶし》の本懐《ほんかい》をとげた信繁《のぶしげ》の生き様は、敵味方《てきみかた》をとわず、「日《ひの》本一《もといち》の兵《つわもの》」としてたたえられた。

この信繁《のぶしげ》の逸話《いつわ》は、人名を「真田幸村《さなだゆきむら》」とかえた英雄伝《えいゆうでん》となって、庶民《しょみん》を中心に長期間にわたり大流行する。

# 大坂《おおさか》の役《えき》の陣容《じんよう》

「大坂冬《おおさかふゆ》の陣《じん》」と「大坂夏《おおさかなつ》の陣《じん》」をあわせて、「大坂《おおさか》の役《えき》」とよぶ。豊臣軍《とよとみぐん》につどった武将《ぶしょう》の多くが、職《しょく》をうしなった浪人《ろうにん》であった。

## 幕府軍《ばくふぐん》のおもな武将《ぶしょう》

**徳川秀忠《とくがわひでただ》**
総大将《そうだいしょう》。徳川幕府《とくがわばくふ》の二代将軍《しょうぐん》。家康《いえやす》の息子。

**徳川家康《とくがわいえやす》**
大御所《おおごしょ》。将軍秀忠《しょうぐんひでただ》の補佐役《ほさやく》だが、実権《じっけん》は家康《いえやす》がにぎっている。

**松平忠直《まつだいらただなお》**
家康《いえやす》の息子。夏《なつ》の陣《じん》で真田信繁《さなだのぶしげ》を討《う》ちとる。

**井伊直孝《いいなおたか》**
徳川四天王《とくがわしてんのう》のひとり、井伊直政《いいなおまさ》の息子。夏《なつ》の陣《じん》で木村重成《きむらしげなり》をうちとる。

**真田信吉《さなだのぶよし》**
真田信之《さなだのぶゆき》の息子。敵将《てきしょう》の真田信繁《さなだのぶしげ》の甥《おい》。

**本多忠朝《ほんだただとも》**
徳川家重臣《とくがわけじゅうしん》をつとめた本多忠勝《ほんだただかつ》の息子。

**前田利常《まえだとしつね》**
北陸《ほくりく》地方大名。前田利家《まえだとしいえ》の養子。

## 豊臣軍《とよとみぐん》のおもな武将《ぶしょう》

**豊臣秀頼《とよとみひでより》**
総大将《そうだいしょう》。豊臣家《とよとみけ》当主。秀吉《ひでよし》の息子。

**織田有楽斎《おだうらくさい》**
秀頼《ひでより》の側近。織田信長《おだのぶなが》の弟。徳川方《とくがわがた》と和平《わへい》交渉《こうしょう》をすすめるが、実現《じつげん》せず。夏《なつ》の陣《じん》には参加しなかった。

**大野治長《おおのはるなが》**
豊臣家《とよとみけ》の重臣《じゅうしん》。浪人衆《ろうにんしゅう》の監督役《かんとくやく》。夏《なつ》の陣《じん》で秀頼《ひでより》とともに自害。

**木村重成《きむらしげなり》**
豊臣家《とよとみけ》の重臣《じゅうしん》。幼少期《ようしょうき》から秀頼《ひでより》に仕《つか》える。冬《ふゆ》の陣《じん》が初陣《ういじん》。夏《なつ》の陣《じん》で戦死。

**真田信繁《さなだのぶしげ》**
真田昌幸《さなだまさゆき》の息子。別名の「幸村《ゆきむら》」で有名。冬《ふゆ》の陣《じん》では「真田丸《さなだまる》」とよばれる砦《とりで》で敵《てき》を翻弄《ほんろう》して大活躍《だいかつやく》。夏《なつ》の陣《じん》で戦死したが、その奮闘《ふんとう》ぶりが敵味方《てきみかた》の武将《ぶしょう》たちから「日本《ひのもと》

**長宗我部盛親《ちょうそかべもりちか》**
関ケ原《せきがはら》の戦《たたか》いで西軍《せいぐん》に味方し、領地《りょうち》を没収《ぼっしゅう》されて浪人《ろうにん》になる。家名復興《かめいふっこう》のため大坂《おおさか》の役《えき》に参陣《さんじん》したが、夏《なつ》の陣《じん》ののちにとらわれ、斬首《ざんしゅ》される。

**明石全登《あかしたけのり》**
関ケ原《せきがはら》の戦《たたか》いで島流しになった宇喜多秀家《うきたひでいえ》の、もと家臣《かしん》。キリシタン。夏《なつ》の陣《じん》ののち消息不明に。

**塙 団右衛門《ばんだんえもん》**
武将《ぶしょう》として名をあげるために参陣《さんじん》。冬《ふゆ》の陣《じん》で活躍《かつやく》したが、夏《なつ》の陣《じん》で戦死。

**大谷吉治《おおたによしはる》**
関ケ原《せきがはら》の戦《たたか》いで戦死した大谷吉継《おおたによしつぐ》の息子。夏《なつ》の陣《じん》で戦死したとつたわる。

**浅井井頼《あざいいより》**
浅井長政《あざいながまさ》の息子であり、淀殿《よどどの》の弟。夏《なつ》の陣《じん》で戦死したとつたわる。

## 伊達政宗《だてまさむね》

陸奥仙台大名《むつせんだいだいみょう》。夏《なつ》の陣《じん》で後藤又兵衛《ごとうまたべえ》を討《う》ちとる。

## 上杉景勝《うえすぎかげかつ》

出羽米沢《でわよねざわ》大名。上杉謙信《うえすぎけんしん》の後継者《こうけいしゃ》。夏《なつ》の陣《じん》では京《きょう》の警備《けいび》を担当《たんとう》した。

## 藤堂高虎《とうどうたかとら》

伊予今治《いよいまばり》大名。夏《なつ》の陣《じん》で長宗我部《ちょうそかべ》軍《ぐん》と死闘《しとう》をくりひろげる。

「一の兵《いちのつわもの》」とよばれて称賛《しょうさん》される。

## 後藤又兵衛《ごとうまたべえ》

黒田家《くろだけ》の家臣《かしん》だったが、当主の長政《ながまさ》にうとまれて浪人《ろうにん》になる。冬《ふゆ》の陣《じん》で活躍《かつやく》するも、夏《なつ》の陣《じん》で戦死。

## 毛利勝永《もうりかつなが》

関ヶ原《せきがはら》の戦《たたか》いで西軍《せいぐん》に味方し、領地《りょうち》を没収《ぼっしゅう》されて浪人《ろうにん》になる。夏《なつ》の陣《じん》で、真田信繁《さなだのぶしげ》とならび奮戦《ふんせん》するも、大坂城《おおさかじょう》に撤退《てったい》したのち自害《じがい》した。

### 大坂冬《おおさかふゆ》の陣《じん》の布陣図《ふじんず》

### 大坂夏《おおさかなつ》の陣《じん》の布陣図《ふじんず》

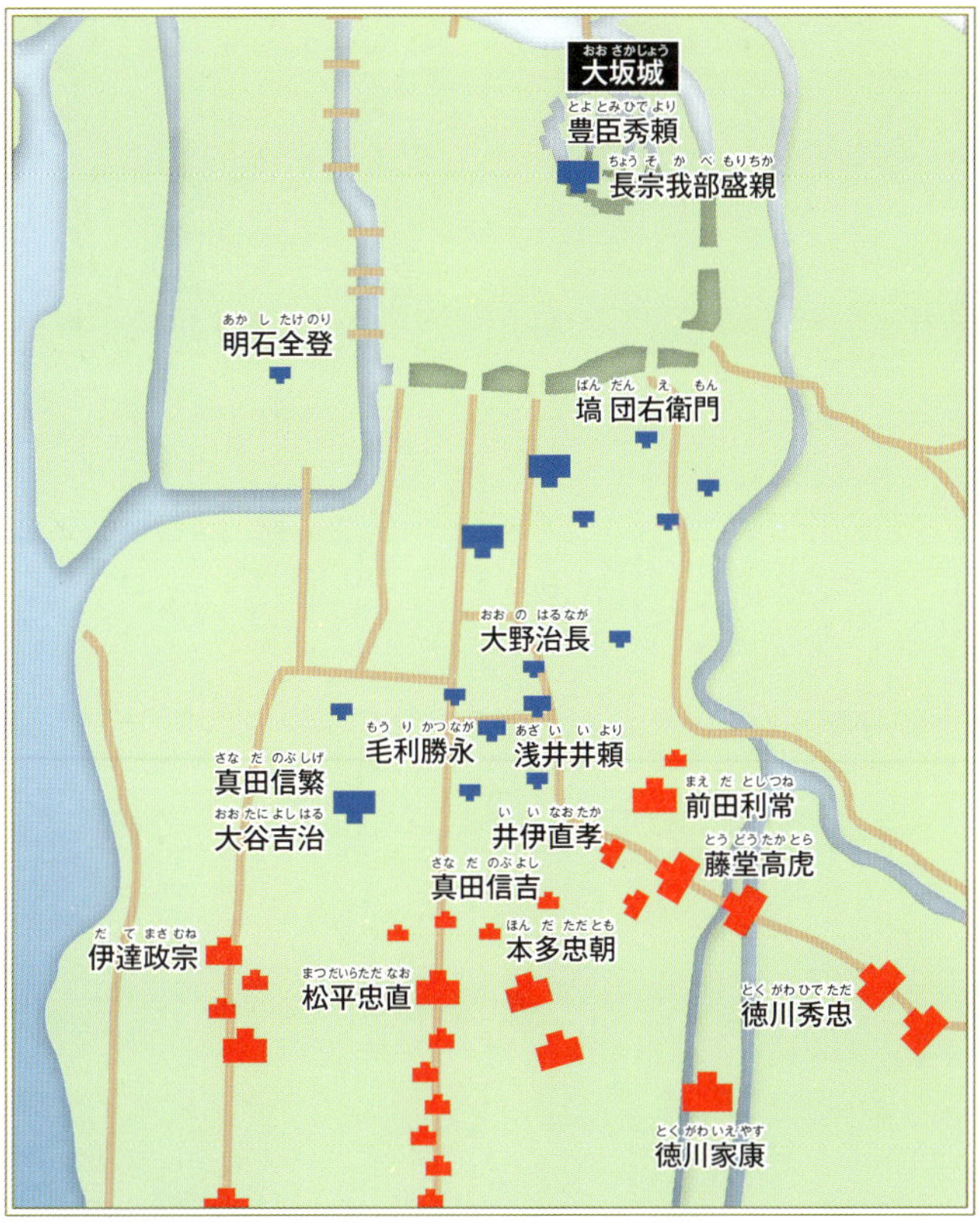


※木村重成《きむらしげなり》、後藤又兵衛《ごとうまたべえ》は、この布陣《ふじん》より前に戦死。

家康《いえやす》のライバル 十

# 全国の大名

天下を手にいれた家康《いえやす》はさまざまな施策《しさく》をおこなって全国の大名を統制《とうせい》する。

# 家康《いえやす》が創造《そうぞう》し実現《じつげん》させた江戸幕府《えどばくふ》による国家運営《こっかうんえい》

一六〇三年、徳川家康《とくがわいえやす》が征夷大将軍《せいいたいしょうぐん》に就任《しゅうにん》し、江戸幕府《えどばくふ》がひらかれた。名実ともに天下人となった家康《いえやす》は、家臣《かしん》にうらぎられた信長《のぶなが》や、一代で天下をうしなうことになった秀吉《ひでよし》とおなじ失敗をしないために、長期間にわたり全国を支配《しはい》する制度《せいど》づくりを、次々《つぎつぎ》と実施《じっし》していく。

早急に着手したのは、江戸《えど》を全国の中心地とするための大工事だ。城下町《じょうかまち》を拡張《かくちょう》して多数の武家屋敷《ぶけやしき》を建設《けんせつ》し、東海道《とうかいどう》や中山道《なかせんどう》など、江戸《えど》につながる主要な街道を大規模《だいきぼ》に整備《せいび》。さらに、江戸城《えどじょう》の全面的な改築《かいちく》をおこない、日本最大の城《しろ》をきずきあげる。家康《いえやす》は、これらの工事にかかわる人手や資金《しきん》を全国の大名に負担《ふたん》させた。

一六〇五年、家康《いえやす》は、征夷大将軍《せいいたいしょうぐん》の地位を息子の秀忠《ひでただ》にゆずり、自身は大御所《おおごしょ》の座《ざ》についた。これは、将軍職《しょうぐんしょく》は徳川家《とくがわけ》が世襲《せしゅう》していくということを全国に知らしめるためのものだったが、政治《せいじ》の実権《じっけん》は、家康《いえやす》がにぎりつづけた。

その後、大坂《おおさか》の役《えき》で豊臣家《とよとみけ》の勢力《せいりょく》を一掃《いっそう》し、徳川将軍家《とくがわしょうぐんけ》と江戸幕府《えどばくふ》の権力《けんりょく》をゆるぎないものとした。この機とばかりに家康《いえやす》は、未来永劫《みらいえいごう》、全国の大名を江戸幕府《えどばくふ》にしたがわせるための、法律《ほうりつ》づくりに着手した。

諸大名《しょだいみょう》を統制《とうせい》するために発布《はっぷ》された法律《ほうりつ》とは!?

### 戦乱《せんらん》の世がおわり武将《ぶしょう》たちが困惑《こんわく》する

武将《ぶしょう》たちにとって、平和な時代の到来《とうらい》は、手ばなしでよろこべるものではなかった。これまでは、おもに合戦での武功《ぶこう》で昇進《しょうしん》や収入《しゅうにゅう》を獲得《かくとく》してきたが、それらがなくなってしまうからだ。

家康《いえやす》は、徳川家《とくがわけ》をささえてきた家臣団《かしんだん》に対し、政治面《せいじめん》で才能《さいのう》を発揮《はっき》できる者には要職《ようしょく》をあたえた。一方、武芸《ぶげい》でしか活躍《かつやく》できない者には地位《いじ》や肩書《かたが》きをあたえて、プライドを維持《いじ》できるように配慮《はいりょ》したが、隠居《いんきょ》して表舞台《おもてぶたい》からさる者も少なくなかった。

衝撃《しょうげき》!

# 武《ぶ》家《け》諸《しょ》法《はっ》度《と》の発《はっ》布《ぷ》

徳川将軍家《とくがわしょうぐんけ》 VS《バーサス》 全国の大名

## 将軍《しょうぐん》がくだす法律《ほうりつ》で全国の武《ぶ》家《け》をしばる

一六一五年、大坂夏《おおさかなつ》の陣《じん》の終結からわずか二カ月後。幕府《ばくふ》の命令によって全国の大名が伏見《ふしみ》城《じょう》にあつめられ、将軍《しょうぐん》の名のもとに、全十三カ条《じょう》からなる「武《ぶ》家諸法度《けしょはっと》」がよみあげられた。

「一、学問と武道《ぶどう》にひたすらはげむこと。二、大勢《おおぜい》での飲酒や遊興《ゆうこう》は禁止《きんし》。三、法令違反者《いはんしゃ》をかくまってはいけない。四、犯《はん》罪人《ざいにん》は追放すること。五、他国の者を自国に居住《きょじゅう》させてはいけない。六、あらたに城《しろ》をきずいてはいけない。改修《かいしゅう》する際《さい》は幕《ばく》府《ふ》に申告すること。七、隣国《りんごく》に不審《ふしん》人物がいたら幕府《ばくふ》に報告《ほうこく》すること。八、幕府《ばくふ》の許可《きょか》なしに結婚《けっこん》してはいけない。九、幕府《ばくふ》に参勤《さんきん》する際《さい》は、規定数《きていすう》以上の家臣《かしん》をつれてきてはいけない。

◆1615年 夏　◆京《きょう》（京都府《きょうとふ》）伏見城《ふしみじょう》

イラスト：武家諸法度《ぶけしょはっと》の発布《はっぷ》で伏見城《ふしみじょう》につどった諸大名《しょだいみょう》

十、身分にあった服装《ふくそう》をすること。十一、身分のひくい者は許可《きょか》なく籠《かご》にのってはいけない。十二、武士《ぶし》たちは倹約《けんやく》した生活をおくること。十三、能力《のうりょく》ある者に政治《せいじ》をおこなわせること」

大名たちは戦慄《せんりつ》した。「徳川《とくがわ》将軍家《しょうぐんけ》は、これほどまで細部にわたり我々《われわれ》を統制《とうせい》し、徹底《てってい》した主従《しゅじゅう》関係を強要するのか」と。

しかし、伏見城《ふしみじょう》につどう面々《めんめん》に、そのおもいを声にだせる者はいなかった。

## 法治国家の誕生《たんじょう》

武家諸法度《ぶけしょはっと》は、全国の大名に対し、婚姻《こんいん》や築城《ちくじょう》などの自由をきびしく禁止《きんし》し、すべての裁量権《さいりょうけん》は将軍家《しょうぐんけ》が保有《ほゆう》するという法律《ほうりつ》で、従来《じゅうらい》の常識《じょうしき》をくつがえすものだった。

その後、将軍《しょうぐん》がかわるたびに武家諸法度《ぶけしょはっと》は少しずつ修正《しゅうせい》がくわえられ、諸大名《しょだいみょう》をより強固にしばる内容《ないよう》に変化していく。江戸《えど》への参勤《さんきん》については、三代将軍《しょうぐん》の家光《いえみつ》の時代に、「参勤交代《さんきんこうたい》」として義務化《ぎむか》される。

家康《いえやす》は、武家諸法度《ぶけしょはっと》につづき、禁中並公家諸法度《きんちゅうならびにくげしょはっと》を発布《はっぷ》した。これは、朝廷運営《ちょうていうんえい》の基準《きじゅん》を明示《めいじ》し、天皇《てんのう》と公家《くげ》の生活や行動を規制《きせい》するものだった。

法律《ほうりつ》をもって、全国を統治《とうち》する。家康《いえやす》がうちたてたこの基本《きほん》理念こそが、江戸幕府《えどばくふ》を二百六十余年《よねん》にわたり維持《いじ》させた。

# 家康《いえやす》の死後の情勢《じょうせい》

家康《いえやす》は、敵対勢力《てきたいせいりょく》をほろぼし、武家諸法度《ぶけしょはっと》などの法令を整備《せいび》したのちに病死した。家康《いえやす》が基盤《きばん》を構築《こうちく》した江戸幕府《えどばくふ》は、長期にわたり政権《せいけん》を維持《いじ》していく。

## 神としてまつられる

家康《いえやす》は、「自分が死んだら、駿河《するが》の久能山《くのうざん》に体をうめること。一年後、下野《しもつけ》の日光《にっこう》にお堂をたてて、勧請《かんじょう》（霊《れい》をうつして祀《まつ》ること）をしなさい。そうすれば、自分は八州《はっしゅう》（関東《かんとう》地方）の鎮守《ちんじゅ》（守り神）になろう」と、晩年《ばんねん》に遺言《ゆいごん》した。死後、遺言《ゆいごん》は完遂《かんすい》され、東照大権現《とうしょうだいごんげん》という名で神格化《しんかくか》して、日光東照宮《にっこうとうしょうぐう》にまつられる。

## 二百六十余年《よねん》の太平《たいへい》

歴代の将軍《しょうぐん》は、武家諸法度《ぶけしょはっと》の改訂《かいてい》などの政治改革《せいじかいかく》を積極的におこない、江戸幕府《えどばくふ》の支配体制《しはいたいせい》をより強固にした。それにより、下克上《げこくじょう》の機運は消えうせ、大名間の領土《りょうど》あらそいも解消《かいしょう》されて、戦乱《せんらん》の世は過去《かこ》のものとなった。江戸幕府《えどばくふ》の天下は、十五代将軍《しょうぐん》の徳川慶喜《とくがわよしのぶ》まで、二百六十余年《よねん》もの長期間、維持《いじ》されていく。

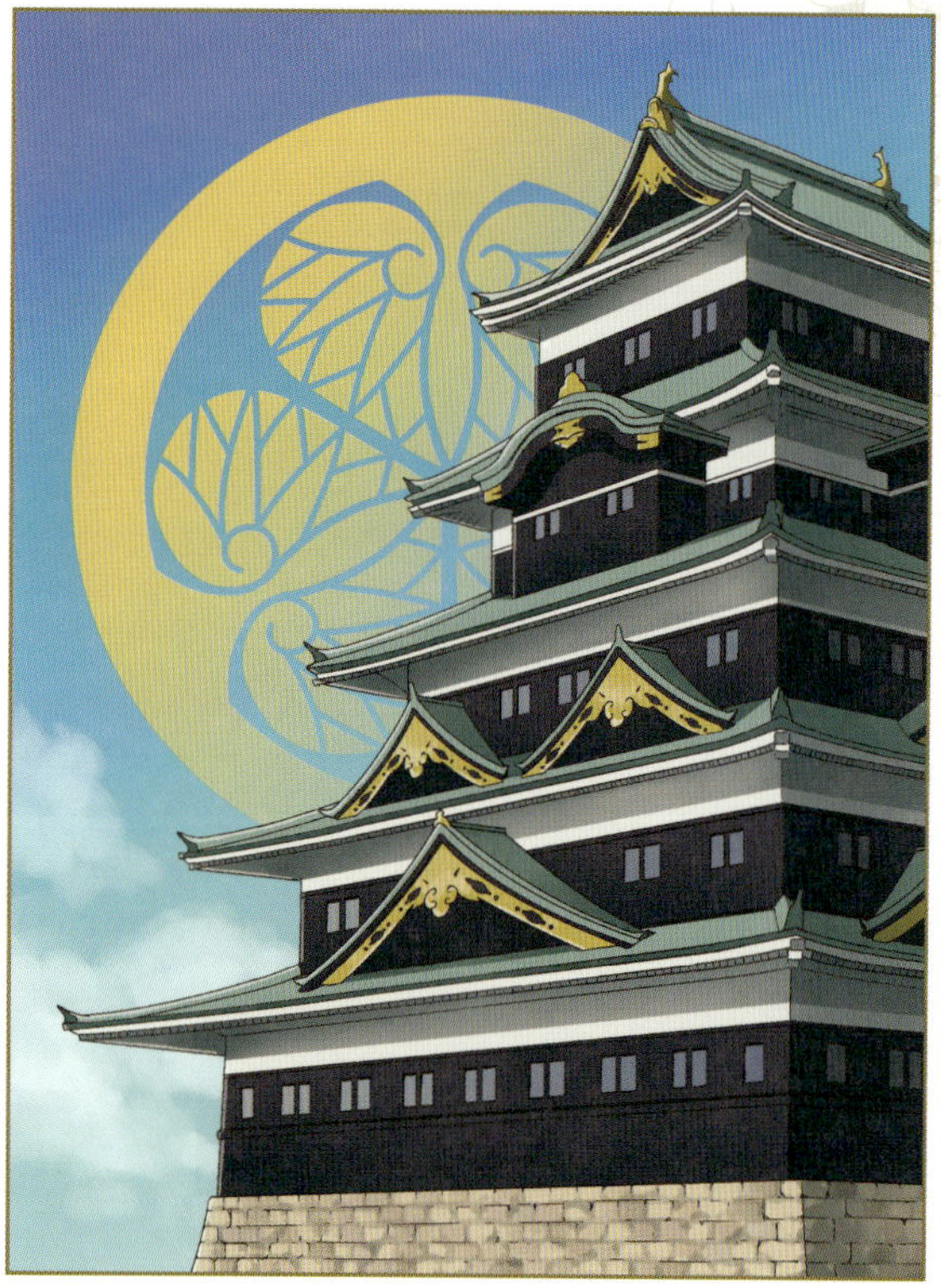

# 家康《いえやす》の人物評《じんぶつひょう》

初代将軍《しょうぐん》である家康《いえやす》は、死後に神格化《しんかくか》されたこともあり、その人物評《じんぶつひょう》は賛美《さんび》が多く、批判《ひはん》はすくない。家康《いえやす》という人物をもっとも冷静に分析《ぶんせき》したのは、ほかならぬ家康《いえやす》自身かもしれない。

## 家康《いえやす》の遺訓《いくん》

歴代将軍《しょうぐん》につたわる「家康《いえやす》の遺訓《いくん》」には、彼《かれ》の人生観が色濃《いろこ》くもりこまれている。そこには、自身を律《りつ》していましめることを重視《じゅうし》した、慎重《しんちょう》な性格《せいかく》がうつしだされている。

「人生とは、重荷をせおって遠い道をいくようなものだ。いそいではいけない。不自由なことをあたりまえとおもっていれば、不満をもたない。欲《よく》をもってしまったら、苦しかったことをおもいだしなさい。我慢《がまん》をすることが、無事に長生きできる土台となる。怒《いか》りは敵《てき》とおもいなさい。勝つことばかりを知って、負けを知らないことは危険《きけん》だ。自分の行動について反省し、人の責任《せきにん》をせめてはいけない。たりないほうが、やりすぎるよりもすぐれている」

ただし、家康《いえやす》の逸話《いつわ》には、「一度憎《にく》んだ相手は、生涯憎《しょうがいにく》みつづけた」「窮地《きゅうち》では、すぐに討《う》ち死《じ》にや切腹《せっぷく》をえらぶほど短慮《たんりょ》で悲観的になった」というものもある。遺訓《いくん》には、それらを自戒《じかい》するおもいもあったのだろう。

困難《こんなん》を耐《た》え忍《しの》んで天下をつかみ、太平《たいへい》の世をきずいた家康《いえやす》は、江戸《えど》時代をつうじて庶民《しょみん》から敬愛《けいあい》された。江戸時代後期にうたわれた川柳《せんりゅう》の「なかぬなら　なくまでまとう　ほととぎす」は、家康《いえやす》のなみはずれた忍耐力《にんたいりょく》をあらわしたものだ。

# 戦国期年表

戦国時代の幕《まく》あけから天下太平《てんかたいへい》にいたるまでの、戦国期のおもなできごとをまとめた年表です。家康《いえやす》にまつわることがらは、赤文字であらわしています。

## 時代《じだい》：室町《むろまち》時代後期［戦国時代］

| 西暦《せいれき》 | できごと |
|---|---|
| 一四六七 | 応仁《おうにん》の乱《らん》がおこる。 |
| 一五四二 | 竹千代《たけちよ》（徳川家康《とくがわいえやす》）が誕生《たんじょう》する。 |
| 一五四三 | 種子島《たねがしま》に鉄砲《てっぽう》が伝来する。 |
| 一五四七 | 竹千代《たけちよ》が織田家《おだけ》の人質《ひとじち》になる。 |
| 一五四九 | 松平広忠《まつだいらひろただ》が死去し、息子の竹千代《たけちよ》が当主の座《ざ》をつぐ。<br>フランシスコ＝ザビエルがキリスト教の布教《ふきょう》のため来日する。<br>竹千代《たけちよ》が今川家《いまがわけ》の人質《ひとじち》になる。 |
| 一五五一 | 信長《のぶなが》が織田家《おだけ》当主になる。 |
| 一五五三 | 川中島《かわなかじま》の戦《たたか》い（一回目）。武田信玄《たけだしんげん》と上杉謙信《うえすぎけんしん》が合戦する。 |
| 一五五五 | 竹千代《たけちよ》が元服《げんぷく》し、松平元信《まつだいらもとのぶ》と名のる。<br>川中島《かわなかじま》の戦《たたか》い（二回目）。 |
| 一五五六 | 長良川《ながらがわ》の戦《たたか》い。斎藤道三《さいとうどうさん》が息子の義龍《よしたつ》にやぶれて戦死する。<br>稲生《いのう》の戦《たたか》い。織田信長《おだのぶなが》が謀叛《むほん》をおこした弟の信行《のぶゆき》をやぶる。 |
| 一五五七 | 松平元信《まつだいらもとのぶ》が築山殿《つきやまどの》と結婚《けっこん》し、松平元康《まつだいらもとやす》に改名する。<br>川中島《かわなかじま》の戦《たたか》い（三回目）。 |
| 一五六〇 | 桶狭間《おけはざま》の戦《たたか》い。織田信長《おだのぶなが》が今川義元《いまがわよしもと》を討《う》ちとる。<br>松平元康《まつだいらもとやす》が今川家《いまがわけ》を脱《だっ》し、三河《みかわ》に帰還《きかん》する。 |
| 一五六一 | 川中島《かわなかじま》の戦《たたか》い（四回目）。大激戦《だいげきせん》となる。 |
| 一五六二 | 清洲同盟《きよすどうめい》。織田信長《おだのぶなが》と松平元康《まつだいらもとやす》が同盟《どうめい》をむすぶ。 |
| 一五六三 | 松平元康《まつだいらもとやす》が松平家康《まつだいらいえやす》に改名する。 |
| 一五六四 | 松平家康《まつだいらいえやす》が三河一向一揆《みかわいっこういっき》を平定《へいてい》する。<br>川中島《かわなかじま》の戦《たたか》い（五回目）。 |
| 一五六五 | 将軍足利義輝《しょうぐんあしかがよしてる》が殺害される。 |

## 時代《じだい》：安土《あづち》・桃山《ももやま》時代

| 西暦《せいれき》 | できごと |
|---|---|
| 一五八二 | 伊賀越《いがご》え。徳川家康《とくがわいえやす》が敵地《てきち》の堺《さかい》を脱《だっ》し、伊賀《いが》をこえて自国に帰還《きかん》する。↓P.28<br>山崎《やまざき》の戦《たたか》い。羽柴秀吉《はしばひでよし》が明智光秀《あけちみつひで》をやぶる。<br>清洲会議《きよすかいぎ》。織田信長《おだのぶなが》の後継者《こうけいしゃ》として羽柴秀吉《はしばひでよし》が有力となる。 |
| 一五八三 | 賤ヶ岳《しずがたけ》の戦《たたか》い。羽柴秀吉《はしばひでよし》が柴田勝家《しばたかついえ》をやぶり、勝家《かついえ》が自害する。 |
| 一五八四 | 小牧《こまき》・長久手《ながくて》の戦《たたか》い。羽柴秀吉《はしばひでよし》と徳川家康《とくがわいえやす》がたたかい、講和《こうわ》する。↓P.32 |
| 一五八五 | 長宗我部元親《ちょうそかべもとちか》が四国《しこく》を統一《とういつ》する。<br>羽柴秀吉《はしばひでよし》が関白《かんぱく》になる。<br>四国平定《しこくへいてい》。羽柴秀吉《はしばひでよし》が長宗我部《ちょうそかべ》氏《し》をしたがわせる。<br>第一次上田合戦《うえだかっせん》。真田昌幸《さなだまさゆき》が徳川家康《とくがわいえやす》をやぶる。↓P.47<br>惣無事令《そうぶじれい》。羽柴秀吉《はしばひでよし》が大名間の私闘《しとう》を禁止《きんし》する。<br>人取橋《ひととりばし》の戦《たたか》い。伊達政宗《だてまさむね》が、畠山《はたけやま》・佐竹《さたけ》・蘆名《あしな》の連合軍とあらそう。 |
| 一五八六 | 羽柴秀吉《はしばひでよし》が豊臣秀吉《とよとみひでよし》に改名する。<br>徳川家康《とくがわいえやす》が羽柴秀吉《はしばひでよし》に臣従《しんじゅう》する。<br>徳川家康《とくがわいえやす》が朝日姫《あさひひめ》と結婚《けっこん》する。 |
| 一五八七 | 九州平定《きゅうしゅうへいてい》。豊臣秀吉《とよとみひでよし》が島津《しまづ》氏《し》をしたがわせる。<br>バテレン追放令《ついほうれい》。豊臣秀吉《とよとみひでよし》がキリスト教を禁止《きんし》する。 |
| 一五八八 | 豊臣秀吉《とよとみひでよし》が茶々《ちゃちゃ》（淀殿《よどどの》）と結婚《けっこん》する。<br>刀狩令《かたながりれい》。豊臣秀吉《とよとみひでよし》が農民から武器《ぶき》を没収《ぼっしゅう》する。<br>海賊取締令《かいぞくとりしまりれい》。豊臣秀吉《とよとみひでよし》が海賊行為《かいぞくこうい》を禁止《きんし》する。 |
| 一五八九 | 摺上原《すりあげはら》の戦《たたか》い。伊達政宗《だてまさむね》が蘆名《あしな》氏《し》をほろぼす。 |

## 室町《むろまち》時代後期［戦国時代］

一五六六　松平家康《まつだいらいえやす》が徳川家康《とくがわいえやす》に改名する。毛利元就《もうりもとなり》が尼子氏《あまごし》の月山富田城《がっさんとだじょう》をうばう。

一五六七　稲葉山城《いなばやまじょう》の戦《たたか》い。織田信長《おだのぶなが》が斎藤龍興《さいとうたつおき》をやぶり美濃《みの》を獲得《かくとく》する。

一五六八　織田家《おだけ》と浅井家《あざいけ》が同盟《どうめい》をむすぶ。織田信長《おだのぶなが》が足利義昭《あしかがよしあき》を奉《ほう》じて入京《にゅうきょう》、義昭《よしあき》が将軍《しょうぐん》になる。

一五六九　掛川城《かけがわじょう》の戦《たたか》い。徳川家康《とくがわいえやす》が今川氏真《いまがわうじざね》をやぶる。P.16

一五七〇　金ヶ崎《かねがさき》の戦《たたか》い。織田《おだ》・徳川《とくがわ》連合軍が、浅井《あざい》・朝倉《あさくら》連合軍に敗北。姉川《あねがわ》の戦《たたか》い。織田《おだ》・徳川《とくがわ》連合軍が、浅井《あざい》・朝倉《あさくら》連合軍に勝利する。石山合戦《いしやまかっせん》の開始。織田信長《おだのぶなが》が石山本願寺《いしやまほんがんじ》を攻撃《こうげき》する。志賀《しが》の陣《じん》。織田信長《おだのぶなが》が、朝倉《あさくら》・浅井《あざい》・延暦寺《えんりゃくじ》連合軍をやぶる。

一五七一　織田信長《おだのぶなが》が比叡山延暦寺《ひえいざんえんりゃくじ》を焼《や》き討《う》ちにする。

一五七二　三方ヶ原《みかたがはら》の戦《たたか》い。武田信玄《たけだしんげん》が徳川家康《とくがわいえやす》をやぶる。P.20

一五七三　武田信玄《たけだしんげん》が病死する。室町幕府滅亡《むろまちばくふめつぼう》。織田信長《おだのぶなが》が足利義昭《あしかがよしあき》を京《きょう》から追放する。一乗谷城《いちじょうだにじょう》の戦《たたか》い。織田信長《おだのぶなが》が朝倉家《あさくらけ》をほろぼす。小谷城《おだにじょう》の戦《たたか》い。織田信長《おだのぶなが》が浅井家《あざいけ》をほろぼす。

一五七四　織田信長《おだのぶなが》が長島一向一揆《ながしまいっこういっき》を鎮圧《ちんあつ》する。

一五七五　長篠合戦《ながしののかっせん》。織田《おだ》・徳川《とくがわ》連合軍が、武田勝頼《たけだかつより》をやぶる。

一五七六　第一次木津川口《きづがわぐち》の戦《たたか》い。毛利水軍《もうりすいぐん》が織田水軍《おだすいぐん》をやぶる。

## 安土《あづち》・桃山《ももやま》時代

一五七七　手取川《てどりがわ》の戦《たたか》い。上杉謙信《うえすぎけんしん》が織田軍《おだぐん》の柴田勝家《しばたかついえ》をやぶる。

一五七八　上杉謙信《うえすぎけんしん》が病死する。第二次木津川口《きづがわぐち》の戦《たたか》い。織田水軍《おだすいぐん》が毛利水軍《もうりすいぐん》をやぶる。

一五七九　徳川家康《とくがわいえやす》が、妻《つま》の築山殿《つきやまどの》と息子の信康《のぶやす》をうしなう。P.24 第一次天正伊賀《てんしょういが》の乱《らん》。織田軍《おだぐん》が伊賀者《いがもの》にやぶれる。

一五八〇　石山合戦《いしやまかっせん》の終結《しゅうけつ》。織田信長《おだのぶなが》が石山本願寺《いしやまほんがんじ》に勝利する。

一五八一　第二次天正伊賀《てんしょういが》の乱《らん》。織田軍《おだぐん》が伊賀者《いがもの》に勝利する。

一五八二　天目山《てんもくざん》の戦《たたか》い。織田《おだ》・徳川《とくがわ》連合軍が武田氏《たけだし》をほろぼす。本能寺《ほんのうじ》の変《へん》。明智光秀《あけちみつひで》が謀叛《むほん》をおこし、織田信長《おだのぶなが》が自害する。

## 安土《あづち》・桃山《ももやま》時代

一五九〇　小田原征伐《おだわらせいばつ》。豊臣秀吉《とよとみひでよし》が北条氏《ほうじょうし》をほろぼす。P.36 奥州仕置《おうしゅうしおき》。伊達政宗《だてまさむね》が豊臣秀吉《とよとみひでよし》にしたがう。豊臣秀吉《とよとみひでよし》の命令で、徳川家康《とくがわいえやす》が関東《かんとう》にうつされる。P.37

一五九一　豊臣秀吉《とよとみひでよし》が豊臣秀次《とよとみひでつぐ》に関白《かんぱく》をゆずり、太閤《たいこう》になる。

一五九二　文禄《ぶんろく》の役《えき》。豊臣秀吉《とよとみひでよし》が朝鮮出兵《ちょうせんしゅっぺい》を決行する。

一五九三　豊臣秀吉《とよとみひでよし》と淀殿《よどどの》との間に、世継《よつ》ぎの秀頼《ひでより》がうまれる。

一五九五　関白《かんぱく》の豊臣秀次《とよとみひでつぐ》が謀叛《むほん》のうたがいで追放され、自害する。

一五九七　慶長《けいちょう》の役《えき》。豊臣秀吉《とよとみひでよし》が二度目の朝鮮出兵《ちょうせんしゅっぺい》を決行する。

一五九八　豊臣政権《とよとみせいけん》において、五大老《ごたいろう》・五奉行《ごぶぎょう》が設置《せっち》され、徳川家康《とくがわいえやす》が五大老《ごたいろう》のひとりとなる。P.38 豊臣秀吉《とよとみひでよし》が病死する。

一五九九　前田利家《まえだとしいえ》が病死し、五大老制《ごたいろうせい》がくずれる。

一六〇〇　会津攻《あいづぜ》め。徳川家康《とくがわいえやす》が上杉氏《うえすぎし》の謀叛《むほん》をうたがい、会津《あいづ》に出兵する。石田三成《いしだみつなり》が、徳川家康《とくがわいえやす》の出兵のさなかに決起する。第二次上田合戦《うえだかっせん》。真田昌幸《さなだまさゆき》が、関ヶ原《せきがはら》にむかう徳川秀忠《とくがわひでただ》をやぶる。P.48 関ヶ原《せきがはら》の戦《たたか》い。徳川家康《とくがわいえやす》の東軍《とうぐん》が、石田三成《いしだみつなり》の西軍《せいぐん》をやぶる。P.42

## 江戸《えど》時代

一六〇三　徳川家康《とくがわいえやす》が征夷大将軍《せいいたいしょうぐん》になり、江戸幕府《えどばくふ》をひらく。P.43

一六〇五　徳川家康《とくがわいえやす》が、将軍職《しょうぐんしょく》を息子の秀忠《ひでただ》にゆずる。

一六一四　大坂冬《おおさかふゆ》の陣《じん》。徳川氏《とくがわし》と豊臣氏《とよとみし》が大坂城《おおさかじょう》であらそい、講和《こうわ》をむすぶ。P.51

一六一五　大坂夏《おおさかなつ》の陣《じん》。徳川氏《とくがわし》が再度《さいど》、大坂城《おおさかじょう》を攻《せ》めて、豊臣氏《とよとみし》をほろぼす。P.52 江戸幕府《えどばくふ》が、武家諸法度《ぶけしょはっと》・禁中並公家諸法度《きんちゅうならびにくげしょはっと》をさだめる。P.58

一六一六　徳川家康《とくがわいえやす》が病死する。

**監修／本郷和人**（ほんごう・かずと）

東京大学史料編纂所教授。文学博士。専門は日本中世政治史、および史料学。主著に、『日本史のツボ』（文藝春秋）、『真説 戦国武将の素顔』（宝島社）、『壬申の乱と関ヶ原の戦い―なぜ同じ場所で戦われたのか』（祥伝社）、『武士とはなにか 中世の王権を読み解く』『戦いの日本史 武士の時代を読み直す』（KADOKAWA）、『戦国武将の明暗』（新潮社）などがある。

イラスト／さがわゆめこ・崎みつほ・たちばな豊可・河本けもん

編集・デザイン・DTP／グラフィオ

執筆／笠原 宙（グラフィオ）

アートディレクション／弓場 真（グラフィオ）

## 参考文献

『戦国武将 人物甲冑大図鑑』『忍者大図鑑 人物・忍具・忍術』（金の星社）、『徹底図解 戦国時代』（新星出版社）、『図解雑学 徳川家康』（ナツメ社）、『超ビジュアル！ 歴史人物伝 徳川家康』『超ビジュアル！ 戦国武将大事典』（西東社）、『Truth In History 14 徳川一族 時代を創った華麗なる血族』『戦国武将事典』（新紀元社）、『一冊でわかる イラストでわかる 図解戦国史』（成美堂出版）、『戦国武将100選』（リイド社）、『ビジュアル版 戦国武将大百科（1 東日本編・2 西日本編・3 合戦編）』（ポプラ社）、『決定版 図説・戦国武将118』『決定版 図説・戦国甲冑集』『決定版 図説・日本刀大全』『決定版 図説・日本刀大全II 名刀・拵・刀装具総覧』『戦国の合戦』『[新装版]戦国武将100 家紋・旗・馬印FILE』『図解 日本刀事典』（学研プラス）、『戦国武将の解剖図鑑』（エクスナレッジ）、『ビジュアル戦国1000人』（世界文化社）、『カラー版 戦国武器甲冑事典』（誠文堂新光社）、『別冊歴史読本 戦国武将列伝』『別冊歴史読本 戦国名将列伝』（新人物往来社）、『戦国武将 武具と戦術』（椎出版社）、『すぐわかる 日本の甲冑・武具[改訂版]』（東京美術）、『日本史人物辞典』（山川出版社）、『[図解]武将・剣豪と日本刀 新装版』（笠倉出版社）、『関ヶ原合戦』（講談社）、『水軍の活躍がわかる本』（河出書房新社）、『大坂の陣』『歴史の愉しみ方』（中央公論新社）、『日本刀辞典』（光芸出版）

※本書に掲載しているイラストは、資料等を基にして、アレンジをくわえたものです。学術的な再現を図ったものではありません。

戦国武将 三英傑大図鑑

# 徳川家康の戦い

2018年12月　初版発行

編／グラフィオ

発行所／株式会社 金の星社
〒111-0056 東京都台東区小島1-4-3
電話／03-3861-1861（代表）
FAX／03-3861-1507
振替／00100-0-64678
ホームページ／http://www.kinnohoshi.co.jp

印刷／株式会社 廣済堂
製本／牧製本印刷 株式会社

NDC210 64P. 26.3cm ISBN978-4-323-06223-5

Published by KIN-NO-HOSHI SHA,Tokyo,Japan